月に一度は臨時ボーナス!

株

稼いでもらう本

川口一晃

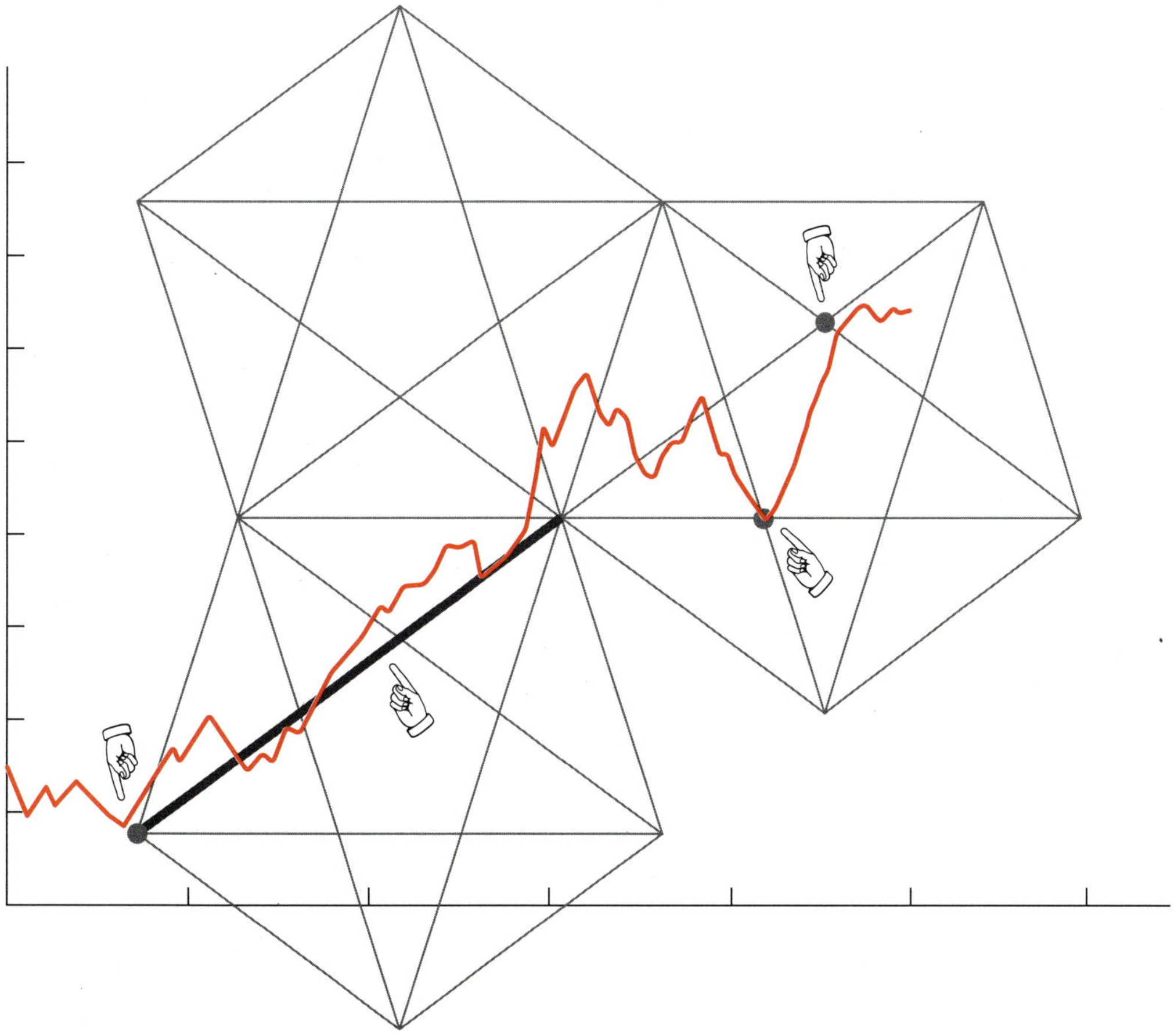

青春出版社

楽しみながら、株に稼いでもらおう！

「初心者は損ばかりしそうで……」「株をやってみたいけど、むずかしそうで……」

――まだまだ株式投資の敷居は高く、しり込みする人も多いようです。

しかし、私は株の世界にプロもアマチュアもないと思っています。実は、株価の上がり下がりのヒントは日常にあることが多いものです。誰にでも平等に日々目や耳から入ってくる情報を、柔軟な発想をもって捉えていけるかどうかがポイントなのです。それに、今の時代、インターネットがあれば、得られる情報量はプロにも劣りません。

はじめから難しい知識は必要ありません。自分で銘柄を見つけ、自分で売り買いの判断をし、そして自分でそれを実行する。そして、結果について、なぜ、どうしてということを必ず勉強しましょう。まずは、このプラン・ドウ・シーの三段階がきちんとできるだけの知識があればいいと考えています。

本書では、そのために必要な知識や考え方、ノウハウをコンパクトに一冊にまとめました。

また、本の後半では、テレビのマーケット情報番組で発表して以来、多くの投資家やマスコミから取材を受け、問い合わせが殺到した「ペンタゴン・チャート」の使い方も紹介しています。

本書で、先行きが見えない今の時代に、楽しくお金を貯めるお手伝いができたら幸いです。

なお、この本を出版するにあたり、青春出版社の中野和彦氏、竹内淳子氏、原稿整理をお手伝いいただいた坂爪一郎氏と後輩の佐藤俊郎氏に感謝いたします。

２００４年　軽井沢にて

川口一晃

CONTENTS

本文イラスト◆嘉戸亨二
図版・DTP◆ハッシィ
構成◆坂爪一郎
チャート提供◆日興ビーンズ証券

Part 1

株で確実に儲けることってできるの？

——川口先生、はじめまして。三二歳、会社員の青春太郎です。まったくの株式投資初心者ですが、株には興味津々です。いろいろ教えてください。

こちらこそ、よろしく。これから楽しく株式投資を学んでいきましょう。

——株式投資って、ちょっとむずかしそうですよね。ぼくみたいな初心者が始めるには敷居が高く感じます。大丈夫でしょうか？

誰でも最初は初心者なんだから、心配することはないよ。ただ、必要最低限の知識は覚えておいたほうが得なことは確かだから、そこからはじめていこう。

——できるだけ簡単にお願いします。

じゃあ、そろそろ最初の講義をはじめることにしようか。

Part 1 ①

預貯金だけじゃ、お金は増えない！

——先生、最近ぼくのまわりで株をはじめる人が増えているんですよ。どうして、みんな急に株をやりはじめたのかなあ。

一時は七〇〇〇円台まで下がった日経平均株価も一万円を超えるまで戻ってきたからね。株式投資に注目が集まっているということだと思うよ。

——でも、いままで株の力の字もいったことのない人たちですよ。株価が上がってきたからといって、どうして急に株式投資を考え始めたのでしょうか？

個人の資産運用に対する意識が高まっているんじゃないかな。

——それはどういうことですか？

これから日本は少子高齢化が進んでいくのは知っているよね。そこで問題になっているのが何だかわかる？

——年金問題ですね。

公的年金は世代間扶養といって、現役世代が高齢者に仕送りする形になっているんだ。だから老人が増えて、若者が少なくなってくると、年金の支給が苦しくなってくるんだ。

——老後かあ……。一体いくらあれば、普通に暮らしていけるんだろう。

六〇歳の定年以降、夫婦二人で一億円ぐらい必要だといわれているんだ。

——い、一億円ですか？

とはいえ、退職金や年金などもあるからね。でも、そういうお金を差し引いても、二〇〇〇万円くらいは六〇歳までに用意しておいたほうがいいだろうね。

——二〇〇〇万円の資産をつくらなければいけないわけか。

年金は先細りになることは目に見えている。それに、いつ会社の業績が悪くなるかわからないし、リストラに遭うことも考えられる。自分を守るためにも個人できちんと資産運用を考えようという人が増えているんじゃないかな。

——みんな、将来の不安にそなえて、少しでも資産を上手に運用しようと考えているんですね。ぼくも定期預金の積立をやっているんですよ。

いま銀行の預金金利って、どれくらいだか知っているかい？

——一年ものの定期預金で〇・〇三%くらいでしょうか。

ということは、一〇〇万円を一年間預けておいても、利子はたったの三〇〇円ということだよ。

——そうか。こんなに低いと、お金は全然増えていきませんね。

だからこそ、個人がもっと積極的に資産の運用を考えなければならないんだ。その運用方法のひとつとして株式投資があるんだよ。

——でも、たしかに銀行に預けていても資産は増えないかもしれませんが、減ってしまうというリスクはありませんよね。株は大儲けできる可能性がある半面、大損してしまう可能性もある。こんなお金のない時代には手堅くいったほうがいいような気もするんですけど……。

預貯金にリスクがないなんて、大間違いだよ。いまはデフレだけど、これから先インフレになって物価高になったら、実質的に預貯金は目減りしてしまう可能性があるんだ。物価の上昇のほうが預貯金金利の上昇を上回ってしまうからね。でも株式投資は、インフレにも強い投資法なんだよ。

——どうして、株式投資はインフレに強いんですか？

景気がよくなり、経済が活性化してくると物の値段が上がってくる可能性が高いんだ。つまり、インフレになりやすいということだね。このような状態のときには、企業業績は順調なことが多いので、株価も上がっていることが多いんだよ。

元金は何年で倍になる?

72の法則…… ある金利で複利運用した場合、何年で元金が倍になるかを示す。

72 ÷ 金利 ＝ 年数

原始時代に石のお金を１コ預けると、今頃ようやく２コになる!!

金利 0.001%の場合 （銀行などの普通預金） → **7万2000年!!!**

金利 0.006%の場合 （郵便局の定期貯金など） → **1万2000年!!**

金利 0.15%の場合 （銀行のスーパー定期〈300 万円未満・10年〉など） → **480年!**

金利 0.35%の場合 （イーバンク銀行〈一口100万円300万未満・1年〉など） → **206年!**

……逆も考えられる。たとえば

元金を 10 年で倍にしたい → 金利 7.2% の商品を探さなければダメ

元金を 20 年で倍にしたい → 金利 3.6% の商品を探さなければダメ

でも、株って危ないんじゃないの？

—株式投資が重要なのはわかりました。でも、株式投資はギャンブルのように危ないものという印象があるんですけど……。

株式投資とギャンブルは、まったく別物だよ。ギャンブルは「オール・オア・ナッシング」、つまり当たれば賞金がもらえるけど、はずれたら掛け金はまるまるなくなってしまう。

でも、株式投資の場合は、株を買った企業が倒産でもしない限り、投資した資金がゼロになってしまう可能性は低いよね。

—でも、全部なくなってしまわないとしても、損をするリスクは大きいわけですよね？

もちろん、損をする可能性はあるよ。でも、株式投資のリスクというのは、一般の人が考えているリスクとはちょっと違うんだ。

—どういうことですか？

よく「株式投資にはリスクがある」といわれるけれど、それは「株式投資は危険」という意味ではないんだよ。

金融におけるリスクとは、「不確実なこと」という意味。つまり、株価が上がるか下がるかわからない、投資の収益がプラスになるかマイナスになるかわからないということなんだ。その不確実性をリスクというんだね。

—「先がわからない」ことをリスクというんですか。

そうなんだ。リスクは値動きする商品に投資をする人が必ず背負わなければならないもので、資産運用をする以上、これを避けて通ることはできないんだよ。

—では、右も左もわからないぼくのような初心者が株式投資をはじめるときには、高いリスクを背負わなければならないということですよね？

プロだろうが、アマチュアだろうが、リスクは同じだよ。株価が上がるか下がるかは、同じように不確実なんだからね。プロでもアマチュアでも、リスクを背負うことには変わりはないよ。

—株式投資の初心者はどうしても損をする心配が先にたってしまうんですよね。

買った金額から何％下げたら、即座に損切り（損を覚悟で売ること）するというように、自分のルールを決めてやれば、損をするにしても、それほど大きな損失にはならずにすむ場合が多い。

損を小さく止めておいて、利益をあげられれば理想だよね。たとえ四勝六敗だとしても、十分に利益をあげることはできたりするんだ。

—そんなことできるんですか？

もちろんだよ。ただし、そのためにはきちんと準備することが必要だよ。準備さえしっかりすれば、誰だって十分利益をあげることは可能なんだ。

—先生はペンタゴンチャートで株価の分析をされているそうですけれど、ペンタゴンチャートを使えば、初心者のぼくでも利益が出るということですか？

ペンタゴンチャートは、株価のトレンドを見るには非常に便利なツールなんだ。これを使えば、株価の動向をつかみやすくなるだろうね。ペンタゴンチャートについては後で説明するけど、でもその前に、株式投資の基礎を学ばなければいけないね。

—ぼくも儲ける投資家になりたいなぁ！

投資に焦りは禁物だよ。株式投資で利益をあげるためには、つねに勉強する心構えが大切。そして、基本さえしっかり身につければ、必要以上に怖がることはないんだ。

これがペンタゴンチャートだ!

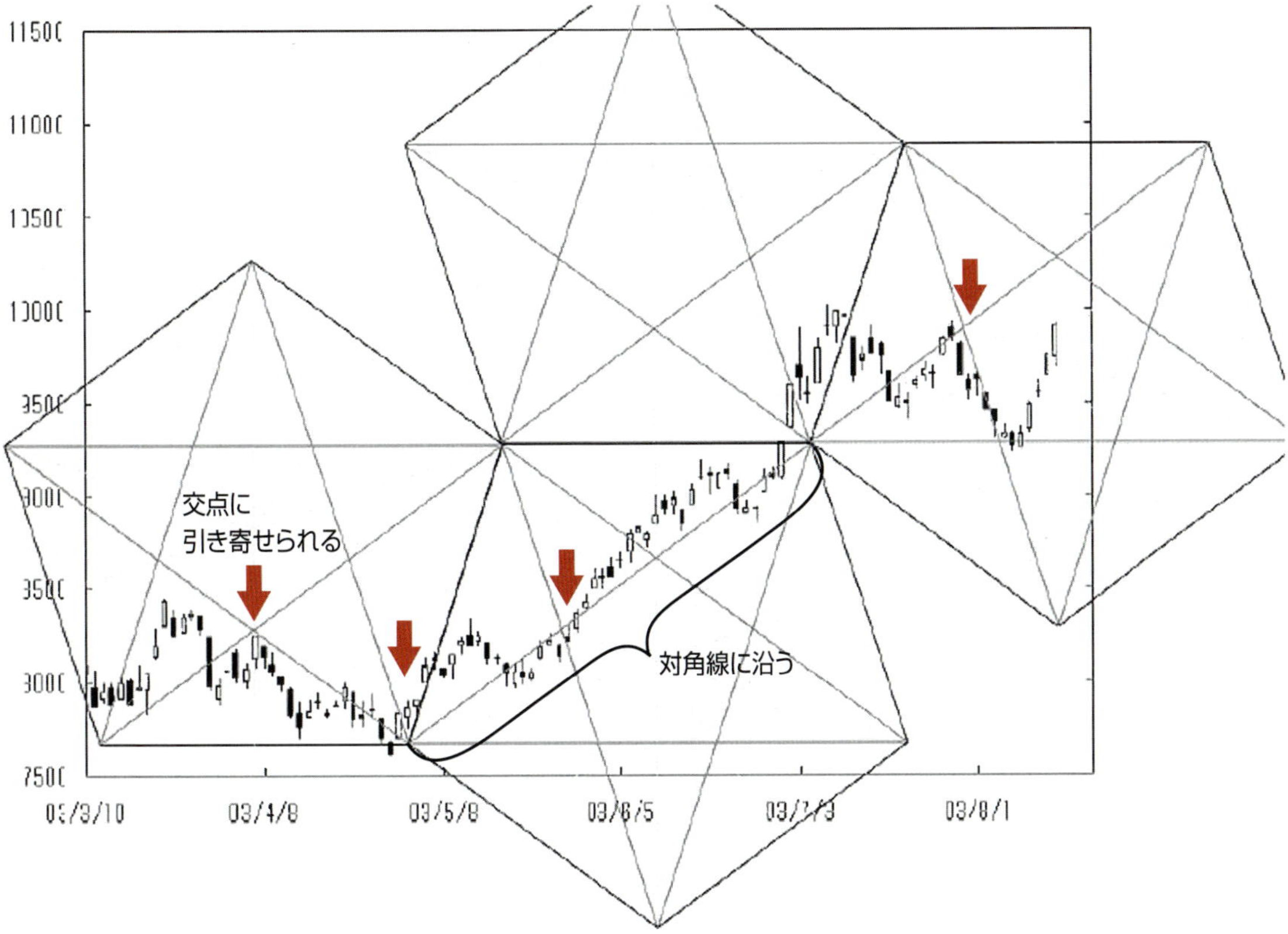

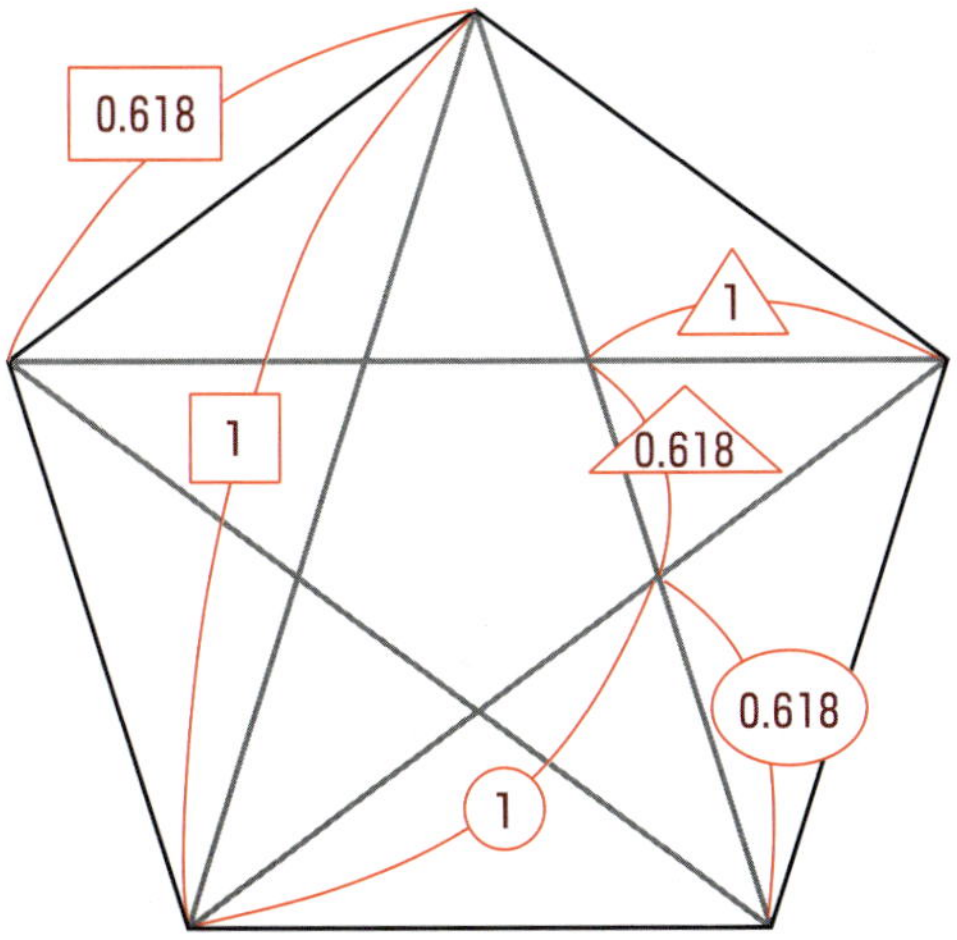

ペンタゴンチャートとは……

黄金分割比率(1:0.618)の五角形(ペンタゴン)を用いて、株価のトレンド、株価水準、変化日などを予想する。的中率高し!

個人投資家だからこそのメリットがある

―株式投資の世界には、ぼくのように初心者もいれば、プロの投資家もいますよね。プロとは、どんな差があるんですか？

投資する資金量以外はとくに差はないんじゃないかなあ。

―プロはぼくたちが手に入れられない情報などをたくさん持っているんじゃないんですか？

たしかに、昔はそうだったろうね。プロは個人投資家が得られない情報を使っていたと思うよ。でも、いまはインターネットが発達して、個人投資家も高度な情報を手に入れられるようになったからね。

たとえば、高度なテクニカル分析も、いまならプログラムが自動的に計算して、わかりやすい形で表示してくれる。

インターネットでそういう情報も簡単に見ることができるし、情報面でプロと個人投資家の差はほとんどないと思うよ。実際に、プロ顔負けの個人投資家もたくさんいるからね。

―へえ、じゃあ、プロのほうが有利ということはないんですね？

うん。プロの投資家との間に差があるとすれば、知識と経験。それは株式投資を行っていれば身についていくものだから、しばらくすれば、その差はすぐに縮まると思うよ。それより、ぼくは個人的に、個人投資家のほうがメリットがあるんじゃないかと思っているんだ。

―えっ!?　それは、どういうことですか？

プロの投資家、つまり機関投資家と呼ばれる大きなお金を動かす人たちには、けっこう制約があるんだよ。たとえば、機関投資家は誰もが知っているリーディングカンパニー（日本を代表する大企業）の株に投資する傾向があるんだ。

―なぜ、リーディングカンパニーの株に投資する傾向が強いんですか？

誰も知らないような会社の株を大量に買って失敗したら、「どうして、そんな株を買ったんだ」といわれてしまうかもしれないからだよ。だから、どんなに自信があっても、小さな会社の株に集中投資することはできない。

それに、機関投資家は大量の株を売買するから、株式市場にたくさん流通している株じゃないと、「売れない」「買えない」ということもある。市場にたくさん流通していて売り買いしやすいことを専門的には「流動性が高い」というんだけど、流動性が高いのは、やはりリーディングカンパニーの株になってしまうんだよ。

だから機関投資家は、リーディングカンパニーの株への投資をメインにして、ほんの少しトッピングする形で小さな会社の株に投資するというやり方をすることが多いんだ。

―個人投資家には、そんな制約がないんですか？

そうだよ。個人投資家は好きな会社の株に投資することができるからね。

たとえば、自分のおじさんが勤めている会社。人には注目されていないけれど、きみはおじさんからいろいろと話を聞いて、「これは成長力がありそうだぞ」と思えば、その会社の株を買うことができる。

だから、決して個人投資家のほうがプロより不利だということはないし、場合によってはプロの機関投資家より鋭いところに目をつけられる可能性もある。実際に、私はそうやって利益をあげている個人投資家を何人も見てきているからね。

―それを聞いて、なんだか勇気が出てきました！

ネットではこんな情報が見られる

Yahoo!ファイナンス（http://quote.yahoo.co.jp/）を開くと…

1 企業名検索

コードまたは名称の一部を入力してください: コード検索

トヨタ自動車 [検索] [基本情報 ▼]

調べたい企業の企業名や証券コードを入力する

2 基本情報

デザイン: 基本情報 [編集] - 今日の値動き - 財務指標 - パフォーマンス - 気配 VIP - 詳細情報 - [新規デザイン作成]

現在の日時:12月 21日 17:36 -- 日本の証券市場はお休みです。

コード	市場	名称	取引値		前日比		出来高	関連情報
7203	東証1部	トヨタ自動車(株)	12/19	3,640	+50	+1.39%	8,696,300	チャート・ニュース・企業情報 リサーチ・掲示板・レポート
8293	名証2部	愛知トヨタ自動車(株)	12/19	1,080	---	0.00%	1,000	チャート・企業情報・リサーチ 掲示板・レポート

アラートに登録 | ケータイに送信

証券コードを入力した場合は直接「詳細情報」が表示されるが、企業名を入力した場合は入力した企業名がつくすべての銘柄が表示されるので、調べたい企業の証券コードをクリックする

3 詳細情報

デザイン: 基本情報 - 今日の値動き - 財務指標 - パフォーマンス - 気配 VIP - 詳細情報 - [新規デザイン作成]

現在の日時:12月 21日 17:39 -- 日本の証券市場はお休みです。

トヨタ自動車(株) (東証1部:7203)- 関連情報: ニュース・企業情報・リサーチ・掲示板・レポート

取引値		前日比	前日終値	出来高	時価総額
12/19 **3,640**		+50 (+1.39%)	3,590	8,696,300	13,140,391百万円
始値	高値	安値	売気配	買気配	発行済株式数
3,640	3,690	3,630	---	---	3,609,997,492株
配当利回り	1株配当	株価収益率	1株利益	純資産倍率	1株株主資本
0.99%	36.00円	(連) 13.35倍	(連) 272.75円	(連) 1.63倍	(連) 2,226.34円
株主資本比率	株主資本利益率	総資産利益率	調整1株益	決算年月	単元株数
(連) 36.0%	(連) 12.78%	(連) 4.65%	(連) 272.73円	2003年3月	100株

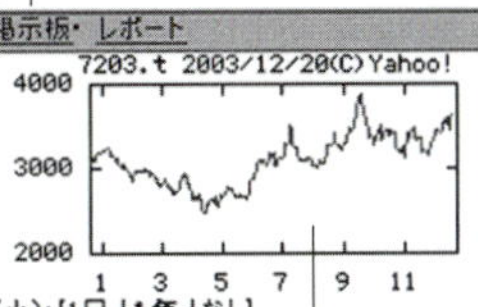

チャート(小):[1日 | **1年** | なし]
チャート(大):[1日 | 3か月 | 6か月 | 1年 | 2年 | 5年 | 10年]
気配 VIP

アラートに登録 | ケータイに送信

20分更新による取引値速報や前日終値との比較、売買が行われた株数（出来高）をはじめ、各種ファンダメンタル情報と小さな株価チャートが表示される

チャート

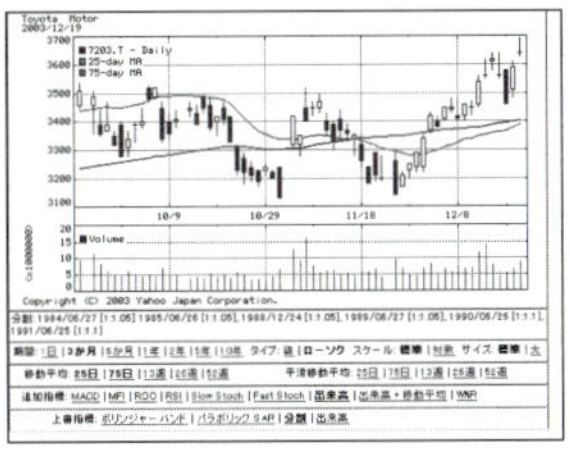

1日の値動きを示す1日チャート、3カ月・6カ月の日足チャート、1年・2年の週足チャート、5年・10年の月足チャートを表示。出来高チャートやMACD、RSIなどのチャートを表示させることもできる

掲示板

その企業に関するユーザーの書き込みを見ることができる。ただし、情報は玉石混淆なので注意が必要

ニュース

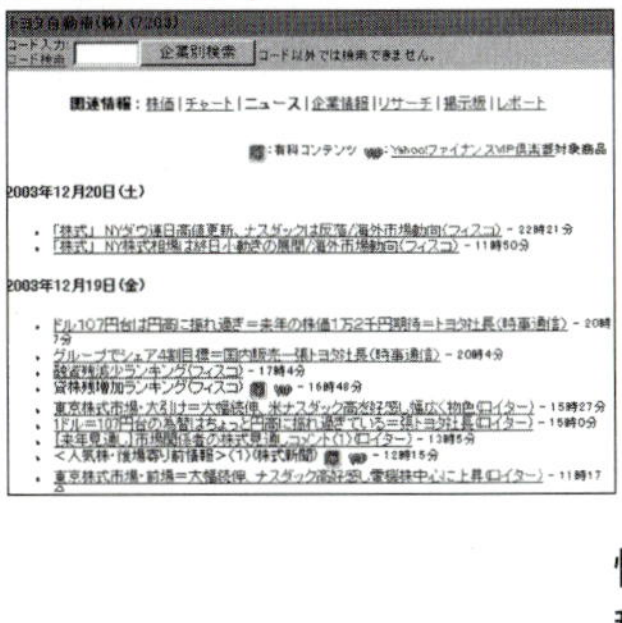

最新の株式ニュースと選択した企業に関連するニュースが表示される

リサーチ

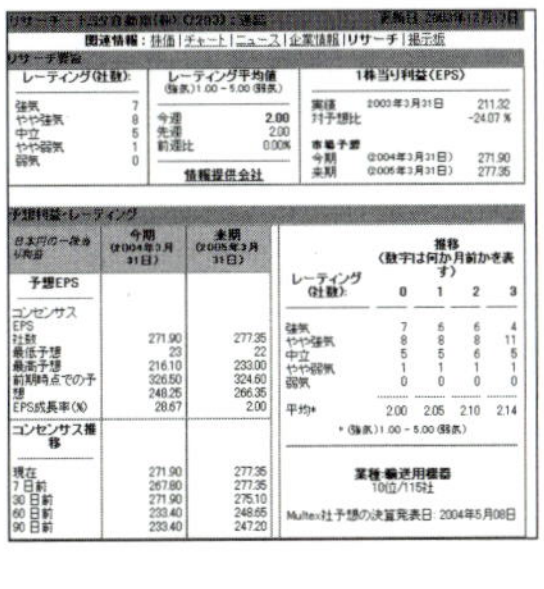

情報提供会社による各種の評価（レーティング）を見ることができる

企業情報

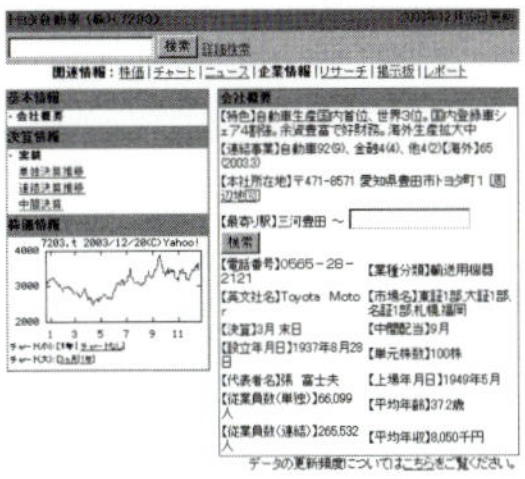

事業内容、業界での地位、資本系列などの他、決算推移などの決算情報を見ることができる

こんなサイトもチェックしてみよう

●マネー＆マーケット
http://markets.nikkei.co.jp/

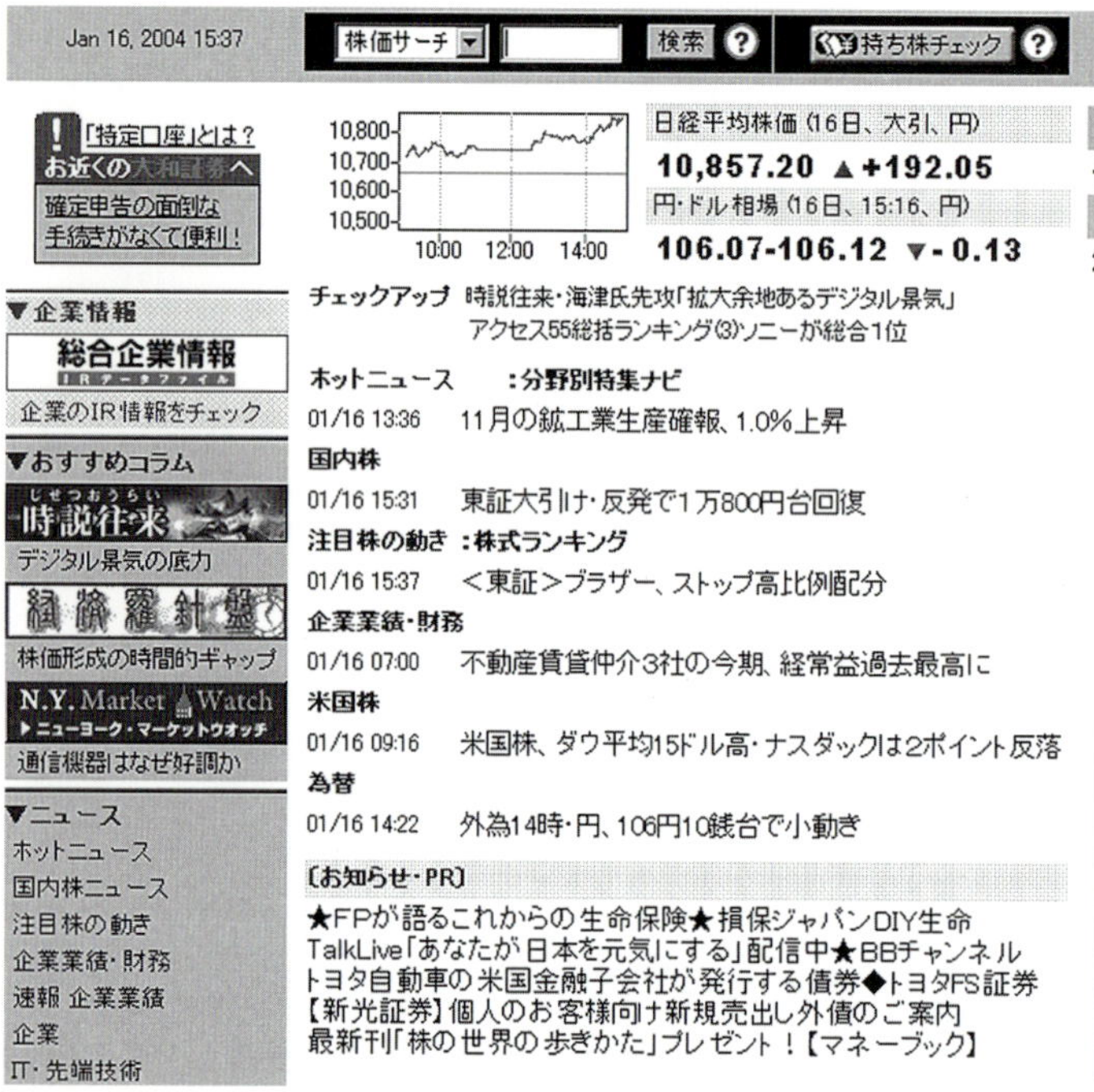
Jan 16, 2004 15:37　株価サーチ　検索　持ち株チェック
日経メンバーズクラブ | サイトマップ | ヘルプ
企業の財務情報はこちら

「特定口座」とは？
お近くの大和証券へ
確定申告の面倒な手続きがなくて便利！

日経平均株価（16日、大引、円）	NYダウ（15日終値、ドル）
10,857.20 ▲+192.05	10,553.85 ▲+15.48
円・ドル相場（16日、15:16、円）	ナスダック（15日終値）
106.07-106.12 ▼-0.13	2,109.08 ▼-2.05

▼企業情報
総合企業情報
企業のIR情報をチェック
▼おすすめコラム
時説往来《じせつおうらい》
デジタル景気の底力
経済羅針盤
株価形成の時間的ギャップ
N.Y. Market Watch ニューヨーク・マーケットウオッチ
通信機器はなぜ好調か
▼ニュース
ホットニュース
国内株ニュース
注目株の動き
企業業績・財務
速報 企業業績
企業
IT・先端技術

チェックアップ　時説往来・海津氏先攻「拡大余地あるデジタル景気」
アクセス55総括ランキング(3)ソニーが総合1位

ホットニュース　：分野別特集ナビ
01/16 13:36　11月の鉱工業生産確報、1.0%上昇
国内株
01/16 15:31　東証大引け・反発で1万800円台回復
注目株の動き　：株式ランキング
01/16 15:37　＜東証＞ブラザー、ストップ高比例配分
企業業績・財務
01/16 07:00　不動産賃貸仲介3社の今期、経常益過去最高に
米国株
01/16 09:16　米国株、ダウ平均15ドル高・ナスダックは2ポイント反落
為替
01/16 14:22　外為14時・円、106円10銭台で小動き

〔お知らせ・PR〕
★FPが語るこれからの生命保険★損保ジャパンDIY生命
TalkLive「あなたが日本を元気にする」配信中★BBチャンネル
トヨタ自動車の米国金融子会社が発行する債券◆トヨタFS証券
【新光証券】個人のお客様向け新規売出し外債のご案内
最新刊「株の世界の歩きかた」プレゼント！【マネーブック】

スーパーチャートは見やすくてオススメ

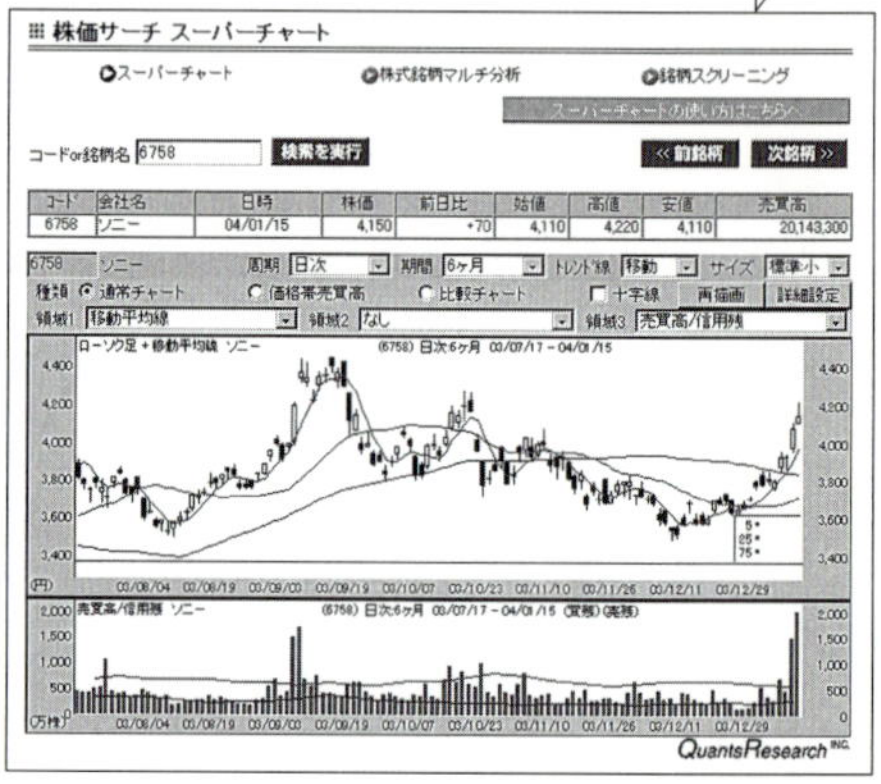

●株マップ.com
http://www.kabumap.com/

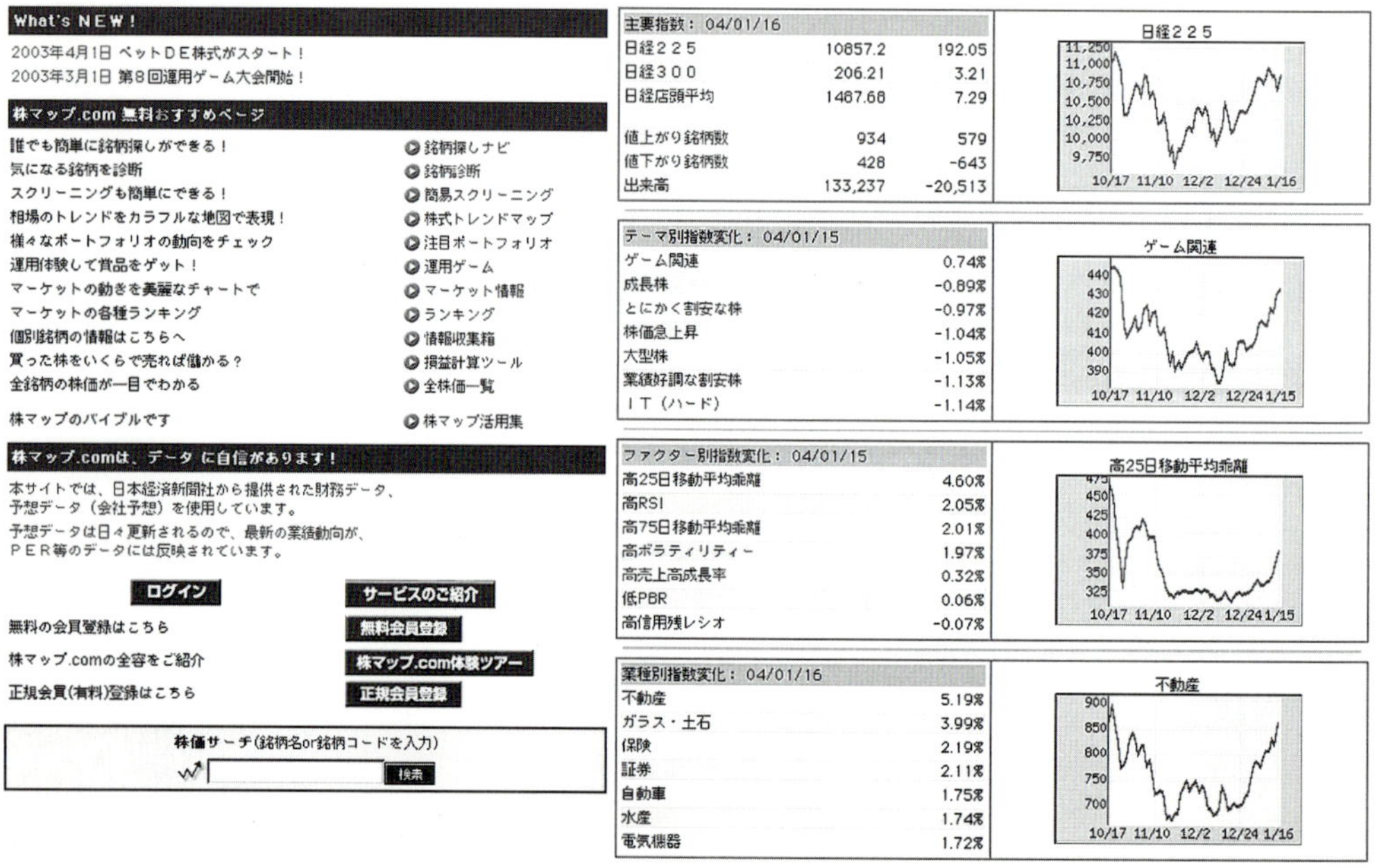
What's NEW！
2003年4月1日 ペットDE株式がスタート！
2003年3月1日 第8回運用ゲーム大会開始！

株マップ.com 無料おすすめページ

誰でも簡単に銘柄探しができる！	銘柄探しナビ
気になる銘柄を診断	銘柄診断
スクリーニングも簡単にできる！	簡易スクリーニング
相場のトレンドをカラフルな地図で表現！	株式トレンドマップ
様々なポートフォリオの動向をチェック	注目ポートフォリオ
運用体験して賞品をゲット！	運用ゲーム
マーケットの動きを美麗なチャートで	マーケット情報
マーケットの各種ランキング	ランキング
個別銘柄の情報はこちらへ	情報収集箱
買った株をいくらで売れば儲かる？	損益計算ツール
全銘柄の株価が一目でわかる	全株価一覧
株マップのバイブルです	株マップ活用集

株マップ.comは、データ に自信があります！
本サイトでは、日本経済新聞社から提供された財務データ、予想データ（会社予想）を使用しています。
予想データは日々更新されるので、最新の業績動向が、ＰＥＲ等のデータには反映されています。

ログイン　サービスのご紹介
無料の会員登録はこちら　無料会員登録
株マップ.comの全容をご紹介　株マップ.com体験ツアー
正規会員(有料)登録はこちら　正規会員登録

株価サーチ(銘柄名or銘柄コードを入力)　検索

主要指数：04/01/16		
日経225	10857.2	192.05
日経300	206.21	3.21
日経店頭平均	1487.68	7.29
値上がり銘柄数	934	579
値下がり銘柄数	428	-643
出来高	133,237	-20,513

日経225

テーマ別指数変化：04/01/15	
ゲーム関連	0.74%
成長株	-0.89%
とにかく割安な株	-0.97%
株価急上昇	-1.04%
大型株	-1.05%
業績好調な割安株	-1.13%
ＩＴ（ハード）	-1.14%

ゲーム関連

ファクター別指数変化：04/01/15	
高25日移動平均乖離	4.60%
高RSI	2.05%
高75日移動平均乖離	2.01%
高ボラティリティー	1.97%
高売上高成長率	0.32%
低PBR	0.06%
高信用残レシオ	-0.07%

高25日移動平均乖離

業種別指数変化：04/01/16	
不動産	5.19%
ガラス・土石	3.99%
保険	2.19%
証券	2.11%
自動車	1.75%
水産	1.74%
電気機器	1.72%

不動産

株投資にむずかしい知識なんていらない

―もうひとつの心配事を聞いていいですか？『会社四季報』などを見て、業績がいいのか悪いのかくらいはわかるんですが、どの会社の株を買ったらいいのかがまったくわかりません。株式投資をするには、むずかしい資料を読みこなせるようにならなければいけないんでしょうか？

『会社四季報』に載っている財務データくらいは理解できたほうがいいけれど、財務データが読めなければ株を買えないということはないよ。

　その会社がどんな事業をやっていて、これからどういう期待が持てるのかさえ自分のなかで解釈できれば、十分に株を買う価値はあるとぼくは思っているんだ。

―その程度の知識でいいんですか？　もっときめ細かく業績を分析しなければいけないのかと思っていました。

財務データのなかで、注目すべきポイントさえわかっていれば十分だよ。それは、Ｐａｒｔ３で詳しく話すことにしよう。でも、その前にこれだけは覚えておいてもらいたいことがあるんだ。

―これだけは覚えておかなければいけないことですか。それは、どういうことですか？

知らない会社の株は決して買わないということだよ。どんな事業を行っている会社か、どんな期待が持てるのかがわかっていない会社の株には、手を出さないほうが賢明だね。

―そんな会社の株に手を出す人がいるんですか？

残念なことに、けっこういるんだよ。インターネット上には、いろいろな情報が出回っているんだ。株についての情報もたくさん出回っていて、そのなかには内部情報などと称して、まことしやかな情報も含まれているんだ。

　たとえば、「仕手筋（大量に株の売り買いをして株価を操作する集団）がこの株に目をつけた」などといった情報がね。そういう情報に踊らされて、ろくに調べもせずに買いに走ってしまうと、だいたい悲惨な結果になるね。

―そうなんですか。気をつけなきゃ。

ぼくは、株式投資の基本は会社への応援だと思っているんだ。株式投資というのは、株主、つまりその会社のオーナーのひとりになることだから、「成長してくれよ」「大きくなってくれよ」という願いを込めて、応援のために出資する。いってみれば、Ｊリーグチームのサポーターのようなものだね。

　訳のわからない会社を応援しようとは思わないよね。だから、そういう会社の株は買わないほうがいいんだよ。あくまでも、応援したい会社へ投資するということを忘れてはダメだよ。

―大きく儲けようと思うと、つい値動きの大きい株に目がいってしまいそうですね。でも、いくら値動きが大きそうでも、知らない会社の株に手を出すのは火傷の元なのかあ。

それはやめておいたほうがいいね。財務データなどを克明に読む必要はないといったけど、それは事業の内容をよく知っている会社へ投資するときの話で、よく知りもしない会社の株をきちんとした分析もせずに買うのは、危険だよ。

―わかりました。

むずかしいことを覚えるのは、こうした基本的なスタンスを身につけてからでいいんだよ。とにかく、これから株式投資をはじめようとする人は、知らない会社の株には手を出さないこと。これだけは覚えておいてほしいね。

まずは、どのくらいの金額から投資すべき？

——株式投資をはじめるには、どれくらい資金を用意しておけばいいものなんですか？

それは一概にはいえないなあ。それぞれの人の投資スタンスによるからね。

——そうですか。いまある貯金のうち、どれくらいを投資資金に回せばいいのかよくわからないんですよ。

そうだね、じゃあこう考えてみようか。たとえば、いま手元に一〇〇万円の資金がある。そのうちの五〇万円は、夏休みの旅行のために取っておきたい。残りの五〇万円は、当面使う予定はないから、株式投資に回してみよう。これならわかるよね。

——そうですね。当面使わないお金を投資資金に回すのか。

うん。もし、旅行の他に買いたい物があって、二〇万円必要だとしたら、投資に回せる金額は三〇万円になる。だから、投資資金は人それぞれのライフスタイルによって変わってくるんだ。

——注意すべきことはありますか？

守ってもらいたいことが、ひとつだけあるよ。それは、「余剰資金の範囲内」で投資するということなんだ。

銀行や郵便局に蓄えてある貯蓄は低金利だから、将来のために株式投資に回そうというのはいいと思うよ。でも、生活資金を株式投資に回すのは、やめたほうがいいだろうね。

——生活に支障をきたすような投資はダメだということですね。

そういうことさ。だから、借金をして投資資金をつくるなんていうのは、もってのほか。とにかく最初は手持ちの資金のなかで、いくらか目減りしても許せる範囲で投資したほうがいいだろうね。

——じゃあ、貯蓄のたくさんある人は、投資資金は多くなるけれど、貯蓄の少ない人は少額からはじめるということですね。

うん。でも、どれくらい投資に回すにしても、はじめて株式投資をする人は、余剰資金をすべて注ぎ込まないほうがいいよ。株式投資はリスクのある商品だから、余裕をもってやったほうがいい。

ぼくがいつもいっているのは、「夜安心して眠れる程度の金額にしておきなさい」ということなんだ。大きく勝負して、夜もロクロク眠れないんじゃ、精神的に参っちゃうからね。

——一般の個人投資家は、資産のどれくらいを株式投資に回しているんでしょうか？

それも人それぞれだと思うけれど、たとえば、年齢に応じた「リスク許容度」という考え方もあるんだ。それぞれの年齢で、株など値動きのするリスク商品にどれだけ投資していいかを表したもので、〈一〇〇−自分の年齢〉という計算式で計算する方法なんだよ。

たとえば、八〇歳の人なら〈一〇〇−八〇＝二〇〉で、資産の二〇％程度ならリスク商品に投資してもいいことになる。三〇歳の人なら七〇％になるね。

——年齢によって、リスクの取り方が変わってくるんですか。

三〇歳の人なら、少しくらい投資で損をしてもまだ取り返せるチャンスはたくさんあるけれど、八〇歳の人ではそうはいかないだろう。だから、こういう数字になるわけだけど、これはあくまで目安だから、参考程度にしておくといいよ。

——わかりました。まずはさしあたって使う予定のない余剰資金のなかから、負担にならない程度のお金を投資資金に回すことにします。

どのくらいの金額からはじめる?

年齢に応じた
リスク許容度……　年齢から、株など値動きのあるリスク商品にどれだけ投資していいかの目安を表したもの。

100－自分の年齢

例）35歳の場合……100－35＝65　資産の65%程度ならOK
45歳の場合……100－45＝55　資産の55%程度ならOK
80歳の場合……100－80＝20　資産の20%程度ならOK

投資額を決める3つのポイント

1　生活資金は使わない
（借金して投資するのはもってのほか!）

2　余剰資金のすべてを注ぎ込まない

3　当面使わないお金を投資資金にする

例）100万円あったら → 50万円は夏休みの旅行のために
20万円は前から買いたかったもののために
残り30万円を株投資に

つまり ↓

夜安心して眠れる程度の金額にすること!

個人投資家が守るべきスタンスとは？

——少し株式投資のことがわかってきました。これなら、ぼくにもやっていけそうな気がします。

そう思ってくれると、ぼくもうれしいよ。

——他に、これだけは覚えておかなければいけない株式投資の心得のようなものはありますか？

うん、そうだね。ぼくはよく「投資家は三つの『断』を覚えなければいけない」といっているんだ。

——三つの「断」って何ですか？

まず一つめの「断」は、その銘柄がいいか悪いかを判断するときの「断」だよ。

二つめの「断」は、その銘柄を買う、売るという決断の「断」。「いまトヨタが買い時だ」と判断できても、買う決断をするのはむずかしいよね。

そして最後に、これがいちばんむずかしいことなんだけど、決断したとおりに断行する「断」なんだ。判断し、決断し、断行する。この三つの「断」を、自分ひとりでやることができてこそ、一人前の投資家といえるんだね。

——何事も自分でやらなければいけないというのは、当たり前のような気がしますけど？

ところが、その当たり前のことができていない人がたくさんいるんだよ。たとえば、人が奨める銘柄を買ってしまうような人だね。

——そういう人が、たくさんいるんですか。

三つの「断」に他人の意見が介在すると、買った銘柄が上がっているときはまだいいけれど、下がってしまったら、「誰々が買えっていったじゃないか」と他人の責任にしてしまうようになるんだ。

投資の負けを人のせいにしてしまったら、なぜ負けたのか、どこに判断ミスがあったのか、といった分析ができなくなる。つまり、失敗を教訓として活かすことができなくなるんだよ。

——完全な負けパターンにはまってしまうようですね。

それから、ぼくがこの世界に入ったときに上司から何度も「忘れるな」といわれたのは、「誠実・忍耐・謙虚の精神」ということなんだ。

——「誠実・忍耐・謙虚」なんて、まるで道徳の教えみたいじゃないですか。

たしかにね。でも、実際にこれはとても大切なんだ。機関投資家でも個人投資家でも、投資をやっていると「この銘柄を買えば儲かるよ」などという甘い囁きがやって来ることがある。でも、それに乗ったらダメだね。投資には誠実に向き合わなければいけない。また、投資をしていれば誰でも読みがはずれて苦しい局面を経験する。そのときに、しっかりと耐えることが重要なんだ。

そして、勝ったときでも「オレはうまいな」などと天狗になったりしないこと。天狗になると、なぜ勝つことができたのか分析しなくなっちゃうからね。

——うーん、ここまでいくと、投資も人間形成の場という気がしてきました。

そんなたいそうなものじゃないけどね。でも、大切なお金を投資するわけだから、真剣に投資したほうがいいよ。

——わかりました。心しておきます。

あとは早く自分の投資スタイルを確立することだね。投資の手法はさまざまで、それぞれにメリットがあり、一概にどれがいちばんだとはいえない。

そのなかで、どの方法が自分に合っているかを見つけ出し、それをいち早く自分のスタイルとして定着させることが、投資に成功する秘訣だと思うな。

個人投資家が守るべきスタンス「3つの断」とは？

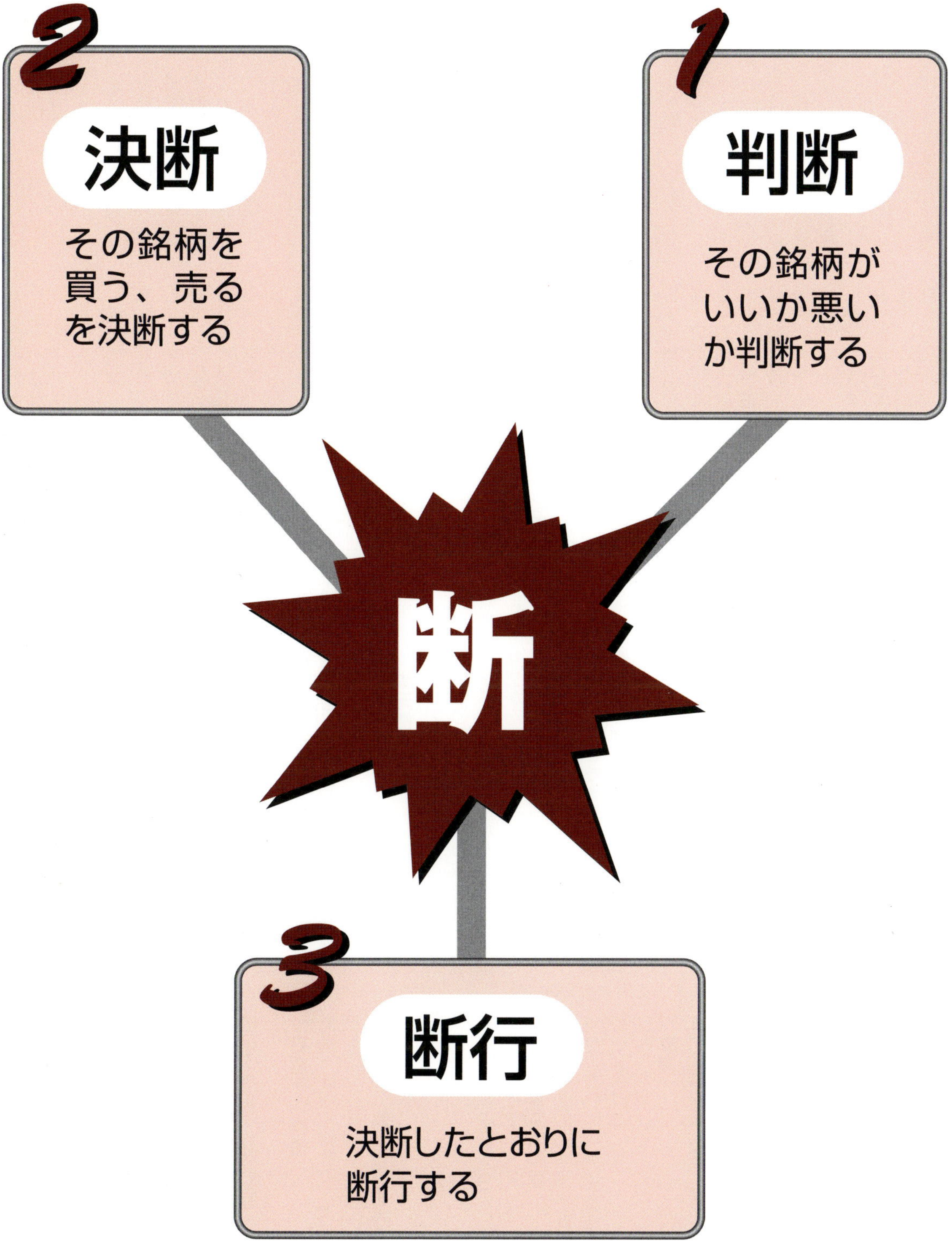
1
判断
その銘柄がいいか悪いか判断する
2
決断
その銘柄を買う、売るを決断する
断
3
断行
決断したとおりに断行する

投資の最初から最後まで自分自身で行うことが鉄則！

制度編

インカムゲイン・キャピタルゲイン

株式の配当や債券投資の受取利子、預貯金の利息など、資産運用の成果の配分によって得られる収入をインカムゲインという。それに対し、株式や債券などが値上がりして生じた収益をキャピタルゲインという。

大型株・中型株・小型株

発行済み株式数が二億株以上のものを大型株、六〇〇〇万株以上二億株未満のものを中型株、六〇〇〇万株未満のものを小型株という。

外国人投資家

日本の資本市場に参入している外国の投資家。主に海外の保険会社、投資信託、年金基金をさす。株式市場の動向を左右するほど大きな存在になっている。

株式売買委託手数料

売買の注文が成立した際に、投資家が証券会社に支払う手数料。

株主優待制度

企業が株主に対して行う自社製品などのサービスのこと。特定期日までに株主登録を済ませると、株主優待の対象となる。

機関投資家

多額の資金を集めて株式や債券に投資し収益をあげる法人や団体のこと。生命保険、損害保険、投資信託、年金基金など。

指値《さしね》注文・成行《なりゆき》注文

株式を売買する際、売買価格を指定する注文を指値注文といい、売買価格を指定しない注文を成行注文という。指値注文では有利な条件で売買が成立するメリットがあるが、その半面、指定した価格で売買が成立しない可能性もある。成行注文では売りと買いの株数さえ合えば売買は成立するが、高く買ったり、安く売れたりといったマイナス面がある。

時価総額

「株価×発行済み株式数」で計算され、その企業が発行しているすべての株式を合計した価値。一株当たりの株価には表れない企業の総合的な価値を測る指標として近年重視されるようになった。

JASDAQ（ジャスダック）

日本証券業協会が運営する店頭株式市場。店頭市場は東京証券取引所や大阪証券取引所などの取引所市場の補完的市場と位置づけられていたが、一九九八年の証券取引法改正によって競合的関係にあるとされた。

証券コード

銘柄を識別するために決められている番号のこと。証券コード協議会が付与する。

信用取引

証券会社に委託保証金を担保として預けることにより、信用の供与を受けて行う売買取引。預けたお金の数倍の金額を取引に使うことができるが、損失が委託保証金の一定限度額を超えると「追い証」と呼ばれる追加証拠金を差し入れなければならない。

前場《ぜんば》・後場《ごば》

午前中に行われる取引を前場、午後に行われる取引を後場という。東京証券取引所では午前九時～一一時が前場、午後〇時三〇分～三時が後場となる。

単元株制度

一定数の株式を投資単位とみなす制度。一〇〇〇株単位、五〇〇株単位、一〇〇株単位、一株単位などで売買できる銘柄がある。

出来高

売買が成立した総株式数をいう。出来高が多ければ多いほど、株式市場が活性化している目安となる。

投資信託

複数の投資家から集めた資金をファンドマネージャーが株式や債券などの資本市場で運用するもの。投資家には運用実績に収益が還元されるが、運用が失敗した場合は、投資家は損失を被ることもある。

特定口座

個人投資家の申告を簡易にするための制度。証券会社に特定口座を開設すると、株式売却益が発生するたびに証券会社が課税を行い、個人投資家が申告する手間をはぶくことができる。

TOPIX（トピックス）

東証株価指数。東証一部上場銘柄を対象とし、一九六八年の時価総額を一〇〇として現在の時価総額がどれくらいになるかを表したもの。

日経平均株価

東証一部上場銘柄のうち、市場を代表する二二五銘柄を対象とした株価指数。株式市場の動きを表す代表的な指標となっている。

約定《やくじょう》

売買注文が成立することを約定という。

寄り付き・大引け

その日に最初に成立した売買取引を寄り付きといい、最後に成立した売買取引を大引けという。

累投《るいとう》

株式累積投資制度。特定の銘柄を毎月一万円以上一〇〇〇円単位で買い付ける金融商品。少額から株式投資に参加することができる。

Part2

上がる銘柄を選ぶポイントとは！

株式投資とはどんなものか、だいたいわかったかな？

――はい、だんだんわかってきました。株式投資って、おもしろそうですね。

そういってもらえると、うれしいよ。株式投資は資産運用の手段であると同時に、経済の動きについて興味を持つことにもつながるんだ。経済の動きを知ることは、本業の仕事にもいい影響を与えると思うよ。

――そうですね。これまでは新聞もほとんど読みませんでしたが、これからは興味を持って読めそうです。

次の講義では、実際に株式を買うための方法について学んでいくよ。ひとくちに株といってもいろいろあるからね。

――え、株ってひとつじゃないんですか？

現物株もあれば、ミニ株というのもあるし、株式信託というのもあるんだ。自分に合った株式投資のタイプを見つけるのは、とても大事なことだよ。

現物株、ミニ株、累投……どれを選べばいい？

——株式投資といっても、いろんな種類があるそうですね。まずは、どんな株式投資からはじめればいいんですか？

はじめて株式投資をしようという人にとっては、そこはまず迷うところだろうね。株式投資の対象となる商品には、現物株、ミニ株、累投、株式投信などがあるんだよ。次ページに詳しい内容を載せておいたから、それぞれの商品の性格をつかんでおこう。そのうえで、自分に合ったものに投資するといいね。

——現物株というのが、一般的にいわれている株式の売買ですね。それだけじゃなくて、いろんな選択肢があるんですね。でも、何が自分に合っているかよくわからないなあ。

そういう人には株式投信、なかでもETFと呼ばれるインデックスファンドをお奨めするよ。これは日経平均などの株式指数に連動して動くもので、値段の上がり下がりがすごくわかりやすいんだ。

——ETFですか。

毎日、日経新聞を読まない人でも、ニュースぐらいは観るだろう。ニュースのなかには「今日のマーケット情報」というコーナーがあるのは知っているよね。「今日の日経平均は一万二四〇円、一八〇円の上昇」などと、その日の株式市場がどれくらい上げたのか、あるいは下げたのかを知らせてくれる。日経平均に連動しているETFなら、ニュースを観れば、上がったのか下がったのかがすぐわかるんだよ。

仕事が忙しくて、日中に株価情報を見られない人にも、ETFはお奨めだね。

——なるほど、それはいいですね。でも、株を売ったり買ったりする醍醐味がなさそうですね。

ETFをはじめとする株式投信はファンドマネージャーにおまかせだから、自分で個別銘柄を選びたいという気持ちが出てくるかもしれないね。

そのときは、現物株かミニ株を自分で選択するということになるけれど、基本的に資金に余裕があるなら現物株、少額の資金からはじめるなら現物株の売買単位の一〇分の一の金額で買えるミニ株だね。

——ぼくは資金が少ないから、ミニ株に興味がありますね。もう少し詳しく教えてください。

ミニ株のメリットは、なんといっても少額からはじめられるということ。少額だからたくさんの銘柄を買って分散投資もできる。でも、その一方でデメリットもあるんだ。

——デメリットがあるんですか？

うん。株式には売買単位というものがあって、一〇〇〇株単位で取引されるもの、一〇〇株単位で取引されるもの、一株単位で取引されるものがあるんだ。

ミニ株は売買単位の一〇分の一で買うから、一〇〇〇株や一〇〇株が売買単位の株式は買えるけど、一株が売買単位の株は買えないんだよ。

——じゃあ、ミニ株として買えないものもあるということですか？

そうなんだ。それに、証券会社によってミニ株を扱っているところと扱っていないところがあるから、ミニ株をやりたいなら、事前に扱っている証券会社を調べることも必要だね。

それから、注文した翌日の始値でしか買えないから、現物株のように指値（売買価格を指定する方法）で注文を出すこともできないんだ。

——うーん、けっこう面倒ですね。

でも、いくつかミニ株を買うとファンドマネージャーの気分になれるよ。株式投資に慣れるまでの練習にはいいんじゃないかな。

どんな株式投資からはじめたらいいの？

種類	どんなものか	メリット	デメリット	こんな人におすすめ
現物取引	もっとも一般的な株式投資。証券会社の口座に入金した金額内で、株式を買い付ける。受渡日に投資家と証券会社の間で株式と金銭の受け渡しが行われる。	・値上がり益を狙うことができる。 ・指定期日までに株主登録すれば、持ち株数に応じて、配当や株主優待を受けることができる。	・株価が下がれば、損失が生じる。 ・口座の残高内でしか買い付けができないために、高額な銘柄は買えないことがある。	・自分で銘柄を選択して、売り買いの醍醐味を味わいたい人。 ・ミニ株や累投、株式投信より、大きな利益を狙いたい人。
信用取引	証券会社に保証金を担保として預け、信用の供与を受けて行う売買取引。いわば、証券会社に借金をして行う取引。	・手持ちの資金の数倍の取引が可能になるため、より大きな利益が期待できる。 ・売りから入る取引（空売り）ができる。	・所定の期限内（通常6カ月）に決済しなければならない。 ・見込みと違った場合、大きな損失を被る危険性がある。 ・損失が保証金の一定の割合を超えると追証と呼ばれる追加証拠金を積まなければ取引終了になる。	・現物取引で経験を積み、より多くの利益を望む人。ただし、それだけリスクが高くなることを自覚しておかなければならない。
ミニ株	売買単位の10分の1から購入できるシステム。	・少額資金で株式投資を始められる。 ・株価の高い人気株や値がさ株にも投資できる。 ・違う銘柄に投資すれば、少額の資金でもリスクを分散することができる。	・売買単位が1株の銘柄は購入できない。 ・指値注文ができない（注文した翌日の始値でしか買えない）。 ・証券会社によってミニ株を取り扱っていないところがあり、取扱銘柄にも差がある。 ・株主優待を受けられない。	・少ない資金から株式投資をはじめたい人。 ・本格的な投資をする前に、少ないリスクで株式投資の練習をしたい人。
累投	株式累積投資制度。毎月1万円以上1000円単位で、指定した銘柄を買っていく取引。	・少額資金から始められる。 ・定額購入のため、株価が下落したときは多く買付けることができ、買付けコストを抑えることができる。 ・株数が単位株になると、普通の株主になる。	・現物取引や信用取引ほどの利益は期待できない。 ・株価下落によって、損失が生じることがある。 ・株主優待を受けられない。	・少ない資金から株式投資をはじめたい人。 ・リスクを抑えて、投資を行いたい人。
株式投信	株式投資信託。投資家から集めた資金をファンドマネージャーがまとめて運用し、運用益を分配する金融商品。	・少額の資金から投資できる。 ・銘柄分散するので分散投資が可能。 ・ファンドによっては、海外の債券や株式にも投資が可能。	・大幅な値上がりが期待できる半面、大幅な値下がりのリスクもともなう。 ・解約が自由にできないクローズド期間が設けられているものもある。	・はじめて株式投資をしようという人。 ・プロの専門家に運用をまかせたい人。

ETF（株価指数連動型上場投信）とは

日経平均やTOPIXなど、株価指数に連動することを目的として運用される株式投資信託。日経平均やTOPIXなどは、新聞やニュースで目にするので、値動きが感覚的にわかりやすい。株式投資をはじめてみようという初心者におすすめ。

東証一部、二部、ジャスダック……どの市場の株を買えばいい？

—株式市場には、東証一部や東証二部など、たくさんあるんですね。株式投資初心者は、どの市場の株を買うのがいいんですか？

株式市場はたくさんあるね。投資家が株を買える株式市場は、次ページに掲げてあるから、よく見ておいてね。

　日本全国で、株式を公開している銘柄は、のべ四〇〇〇近くもあるんだ。簡単に分類すると、東証一部が大企業、東証二部が中堅企業、ジャスダックやマザーズ、ヘラクレスは新興企業が上場しているんだよ。

　東証一部はいちばん上場基準が厳しくて、ジャスダックやマザーズは基準が緩い。だから、ベンチャー企業やはじめて株式公開する企業は、ジャスダックやマザーズといった新興市場に上場する。そして、だんだん成長して会社が大きくなってくると東証一部に鞍替えすることが多いね。たとえばヤフーはジャスダックから東証一部に鞍替えしたよね。東証一部に上場するということは、企業にとっては一種のステータスなんだよ。

—じゃあ、東証一部に上場している銘柄を買うのがいいんですか？

そうだね、初心者は東証一部の銘柄から選んだほうがわかりやすいね。さっき、ぼくは「事業内容を知っている会社の株を選びなさい」といったね。東証一部上場企業は大企業だから、知っている会社は東証一部に上場していることが多いと思うよ。

—ということは、東証一部上場企業の株で、なおかつ事業内容を理解している会社の株を選択しろということですか。

そういうことだね。たとえ東証一部上場企業でも、何をやっているのか全然知らないような会社は、株式投資の対象にしてはいけないよ。それは株式投資の鉄則だから、くれぐれも忘れないように。

—わかりました。でも、最近はジャスダックやマザーズも注目を集めているようで、ちょっと興味があるんですけど。

ジャスダックやマザーズには、有望な新興企業が集まっているから、その気持ちはよくわかるよ。株式公開までこぎつけたわけだから、勢いもあるしね。でも、ジャスダックやマザーズへの投資は、気をつけなければいけないんだ。

—何に気をつけなければいけないんですか？

新興市場に流通している株は、取引量が少ないことが多いんだ。東証一部に上場している企業は、たくさん株式を発行して、それが毎日大量に売り買いされているけれど、新興企業は発行している株式がそれほど多くないから、売り買いされる量も多くない。

—取引量が少ないと、何か問題があるんですか？

株価が暴騰したり、暴落したりしやすいんだよ。新興市場に注目が集まっている理由のひとつは、急激に上昇する銘柄があることなんだ。取引量が少ないところへ買いが殺到すれば、株価は暴騰するよね。つまり、短期間で大きな利益をあげられるかもしれない。

—でも、その逆もありうるということか。

そういうことだね。下げるときも急激になることが多いんだ。

　あっという間に、大きく値を下げてしまうこともあるから、初心者や昼間に相場を確認できない忙しい人が手を出すのはリスクが高いといえるんだよ。

　株式投資を実際に経験して、慣れてからのほうがいいね。

日本のおもな証券市場

東京証券取引所（東証）	
市場第１部	大企業向けの市場
市場第２部	中堅企業向けの市場
マザーズ	ベンチャー企業向けの市場
外国部	外国企業向けの市場

大阪証券取引所（大証）	
市場第１部	関西地区の大企業向けの市場
市場第２部	関西地区の中堅企業向けの市場
ヘラクレス	ベンチャー企業向けの市場

名古屋証券取引所（名証）	
市場第１部	中京地区の大企業向けの市場
市場第２部	中京地区の中堅企業向けの市場

JASDAQ市場	日本証券業協会が運営する中堅企業向けの市場

他にも札幌証券取引所、福岡証券取引所があります

Part2 3

買いたい銘柄はこう見つけていこう！

——初心者は東証一部上場の株からはじめたほうがいいというのはわかりました。事業内容を理解している会社から選択するということもわかりました。でも、東証一部上場で、事業内容がだいたいわかっている会社ってけっこうありますし、そこからさらに選択肢を絞っていかなければならないんですが……。

これから株式投資をはじめようという人に、ぼくがよくいっているのは「まず、自分が入りたい会社をイメージしてごらん」ということなんだ。

——自分が入りたい会社ですか？

そうだよ、きみが働いてみたいと思える会社さ。こういう問いかけをしてみると、いくつか会社が思い浮かぶだろう？

じゃあ、今度はどうしてその会社を思い浮かべたのかを考えてみよう。「この会社で働いてみたいな」と思ったからには、何かを他の会社と差別化しているはずなんだ。そこを見つけることができれば、その会社を評価する基準が見えてくると思うよ。

——なるほど、自分が働いてみたい会社に投資するわけですか。

それもひとつの方法だけど、それだけじゃないんだ。たとえば、きみが「トヨタで働いてみたい」と思ったとしようか。じゃあ、なぜトヨタで働きたいのか考えてみると、「売上高が世界有数だから」という理由が浮かんでくる。そこで、連想を働かせるんだよ。

——連想を働かせる？

たとえば、こんなふうにね。「トヨタのライバルは、日産自動車だな。日産はゴーン社長が見事に立て直して業績が回復したし、ここの株はどうだろうか」

そう考えて、日産自動車を調べてみると、さらに株価上昇の可能性が見えてくるかもしれないよ。

——ふ〜ん、自分が働いてみたい会社を連想のきっかけに使うんですね。

そうなんだ。株式取引は一種の連想ゲームみたいなものだからね。みんな注目している銘柄は、すでに株価が上昇してしまっているから、いかに連想を働かせて次の注目銘柄を探していくかが勝負なんだよ。

——へえ、おもしろいですね。じゃあ、趣味から連想していくのはどうですか？　ぼくの趣味は魚釣りなんですけど。

それもアリだね。趣味は好きなことだから、その分野についてはかなり詳しい知識を持っているだろうし、何が評判がいいとか、何が売れているといったことも、肌で感じて知っているから、連想しやすいだろうと思うよ。

——たとえば、こんな連想はどうですか？

ある釣り具メーカーが電子制御の画期的な新型リールを発表して、大人気になったんです。その釣り具メーカーを注目するのは当たり前ですけど、新型リールのシステムの開発には、どこかハイテク企業がからんでいるのでは、と連想を働かせていって……。

いいね。そういう連想をしていけばいいんだよ。

——何もきっかけがないところで買う銘柄を決めようとすると何を選択すればいいか迷ってしまうけど、こうやって働きたい会社はどこかとか、趣味や関心を持っている分野から連想を働かせていけば、買う候補となる銘柄を絞り込んでいけそうです。

うん。銘柄選びのヒントは、生活のなかにたくさんあるからね。つねに連想を広げる習慣をつけておけば、買い物をしているときにだって何か気づくことはあるはずだよ。

タイムリーな話題から連想を働かせると……

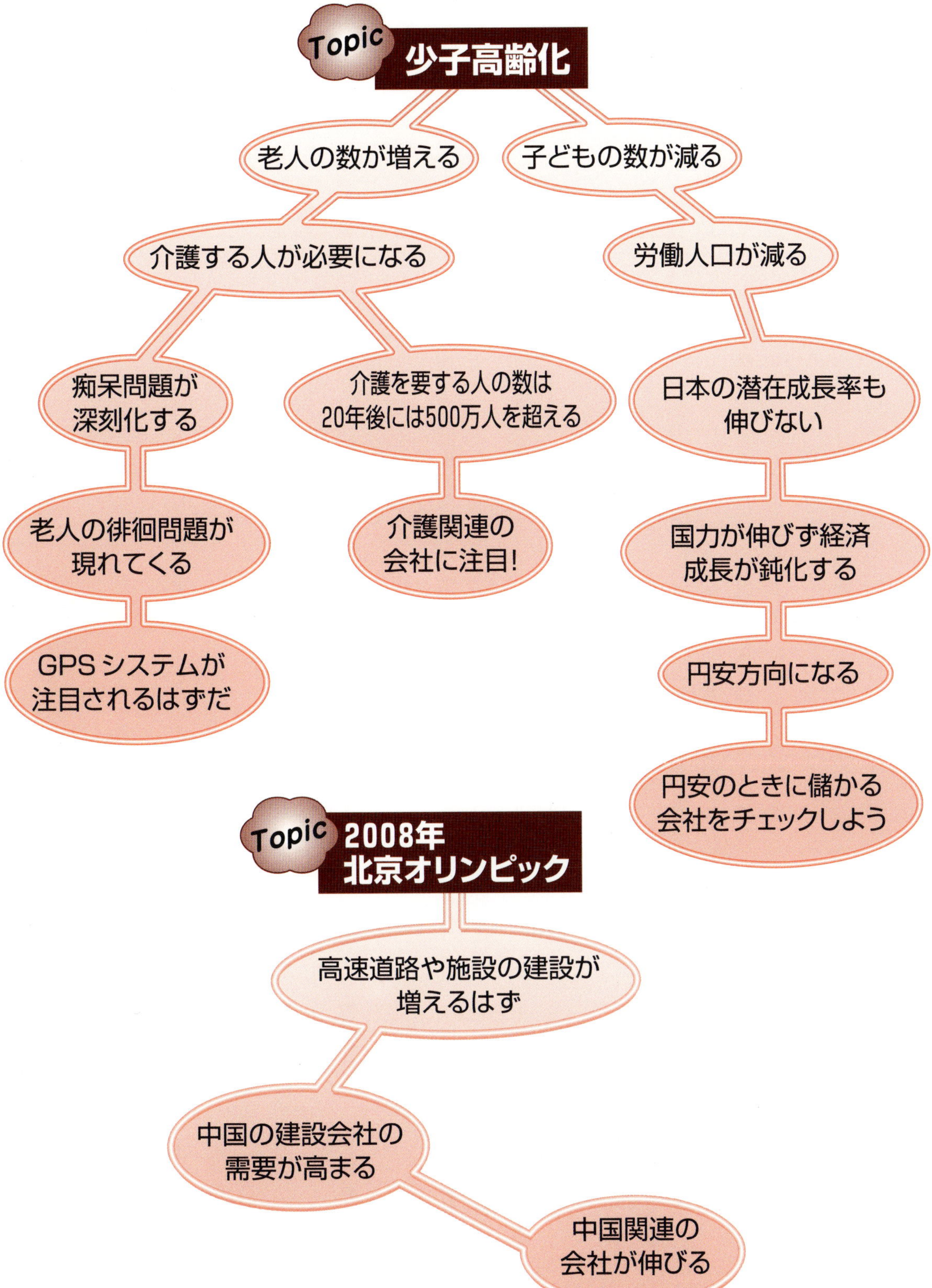
Topic 少子高齢化
老人の数が増える
子どもの数が減る
介護する人が必要になる
労働人口が減る
痴呆問題が深刻化する
介護を要する人の数は20年後には500万人を超える
日本の潜在成長率も伸びない
老人の徘徊問題が現れてくる
介護関連の会社に注目!
国力が伸びず経済成長が鈍化する
GPSシステムが注目されるはずだ
円安方向になる
円安のときに儲かる会社をチェックしよう
Topic 2008年北京オリンピック
高速道路や施設の建設が増えるはず
中国の建設会社の需要が高まる
中国関連の会社が伸びる

Part2 4

儲かる銘柄にいち早く目をつけるには？

―先生にいわれたように連想ゲームをしていって、買いたい銘柄はいくつか見つかったんですけど、まだ絞り切れません。ぼくは少額投資ではじめたいので、せめて三つくらいの銘柄にしたいんですが、最後の絞り込みができないんです。

じゃあ、もう少し銘柄選びのヒントを出してみようか。去年優勝した阪神タイガースを見ると、株式投資の基本が詰まっているんだ。

―ええ！　阪神タイガースが株式投資の基本ですか？

そうだよ。阪神タイガースの優勝は、株式投資のヒントをたくさん教えてくれているんだ。

―まったく意味がわかりません。どういうことですか？

去年の阪神の優勝をきみはどう思った？

―どう思ったって、そりゃびっくりですよ。開幕からぶっちぎりで優勝しちゃったんですから。

それだよ。びっくり、サプライズに株価は敏感に反応するんだ。

　どうして阪神の優勝がサプライズをもたらしたのか。万年最下位の弱小チームが、闘将・星野監督のもとで首位独走で優勝したからだろう。その変化に、みんながサプライズしたんだ。

　親会社の阪神電鉄の株価も、優勝がほぼ決まった七月前半に年初来高値をつけたし、阪神百貨店も優勝が決まった九月まで高い株価水準を維持していたんだ。これこそ阪神のサプライズ効果だよ。

―へえ、阪神タイガースの快進撃が、阪神電鉄や阪神百貨店の株価を動かしたんですね。

タイガースが強ければ、阪神電鉄に乗って甲子園球場まで応援しに行く人が増える。乗車する人が増えれば、阪神電鉄は儲かる。阪神百貨店では、阪神グッズが飛ぶように売れて利益があがる。

　そう考えて、阪神電鉄や阪神百貨店の株を買った人が多かったんだね。

―そういえば、甲子園球場の応援もすごかったし、阪神百貨店の阪神グッズが売れているというのもテレビのニュースでやっていたなあ。

重要なのは、変化の大きさだよ。変化が大きければ大きいほど、サプライズは強くなり、株価を動かす可能性も大きくなるんだ。

―ダメ虎がいきなり優勝ですからね。そりゃあ、サプライズもするよなあ。

学生時代を思い出してごらん。いつもクラスで上位の成績を争っている者が一番をとっても、あまり驚かれないだろう。でも、ビリから二番目の者が突然一番をとったら、クラス中びっくりするよね。それと同じことで、意外性のあるトピックのほうが、株価に反映されやすいんだよ。

―ということは、いつも黒字決算の企業よりも、前年は赤字だったのに急に黒字決算になった企業のほうが上がる確率が高いということですか？

そういうこともあるね。だけど、今回は黒字になりそうだという情報が決算発表前から流れていると、本当に黒字決算でもサプライズは半減してしまうからね。決算が発表されたときには、もう株価に反映されてしまって、あまり株価が上がらないこともあるんだよ。

―みんなが「え！」と驚くようなことでないとダメなんですね。

もうひとつ気をつけたいのは引き時だね。

　サプライズするとみんながワッと株を買って高騰するけど、サプライズが鎮静化すると一斉に引いて行くから、売り時を間違わないようにしたいね。

銘柄選びのコツは“サプライズ”

４月２日に開幕してからの阪神タイガース快進撃が、阪神百貨店、阪神電鉄の株価を動かした。両社とも、５月の前半からは連日最高値を記録。とくに、マジック49点灯（7/8）直前からの急騰は驚くほど。まさに“サプライズ”効果である。しかし、９月15日の優勝以降は好材料が出尽くしたとして急落している。

阪神百貨店

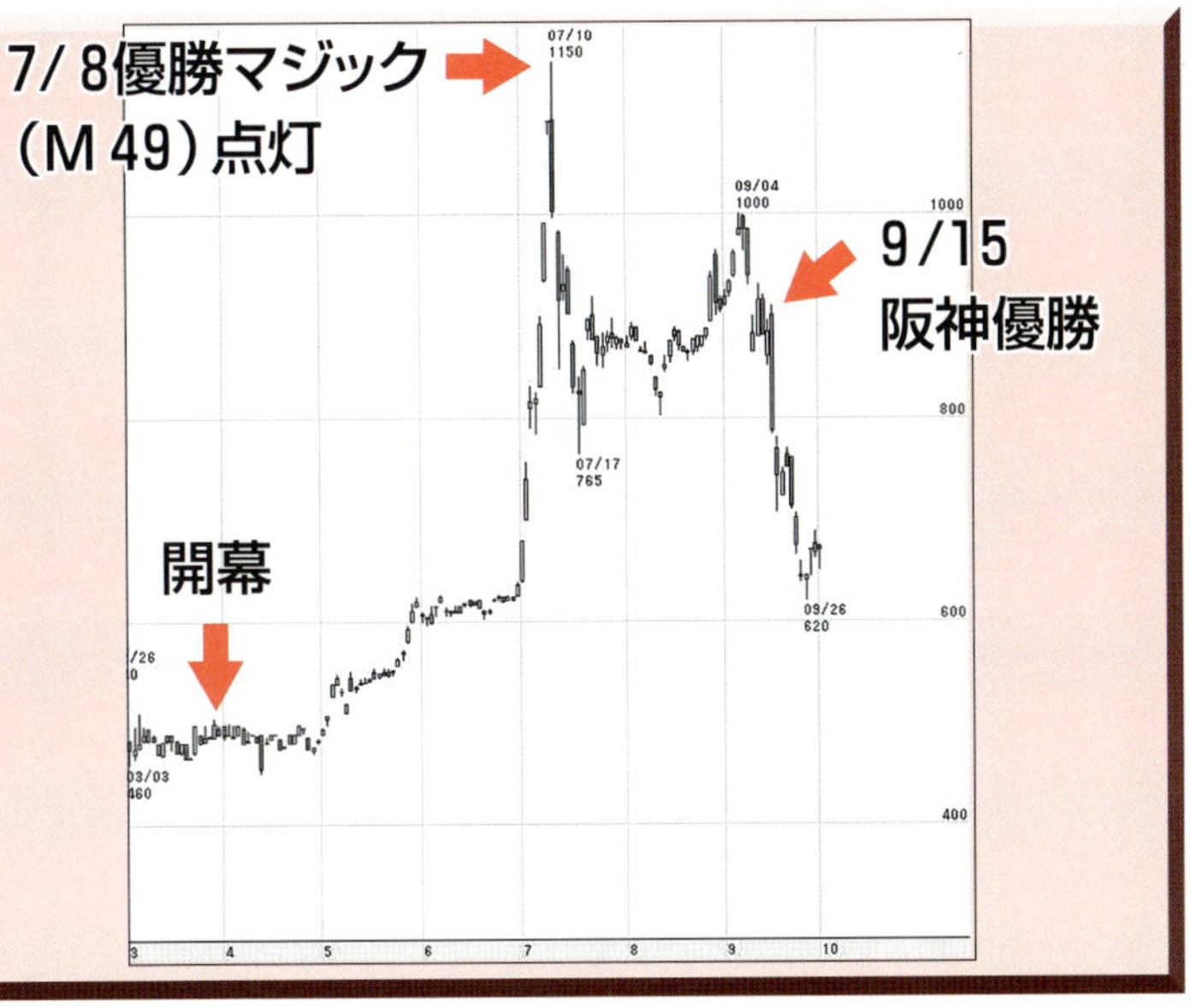

阪神電鉄

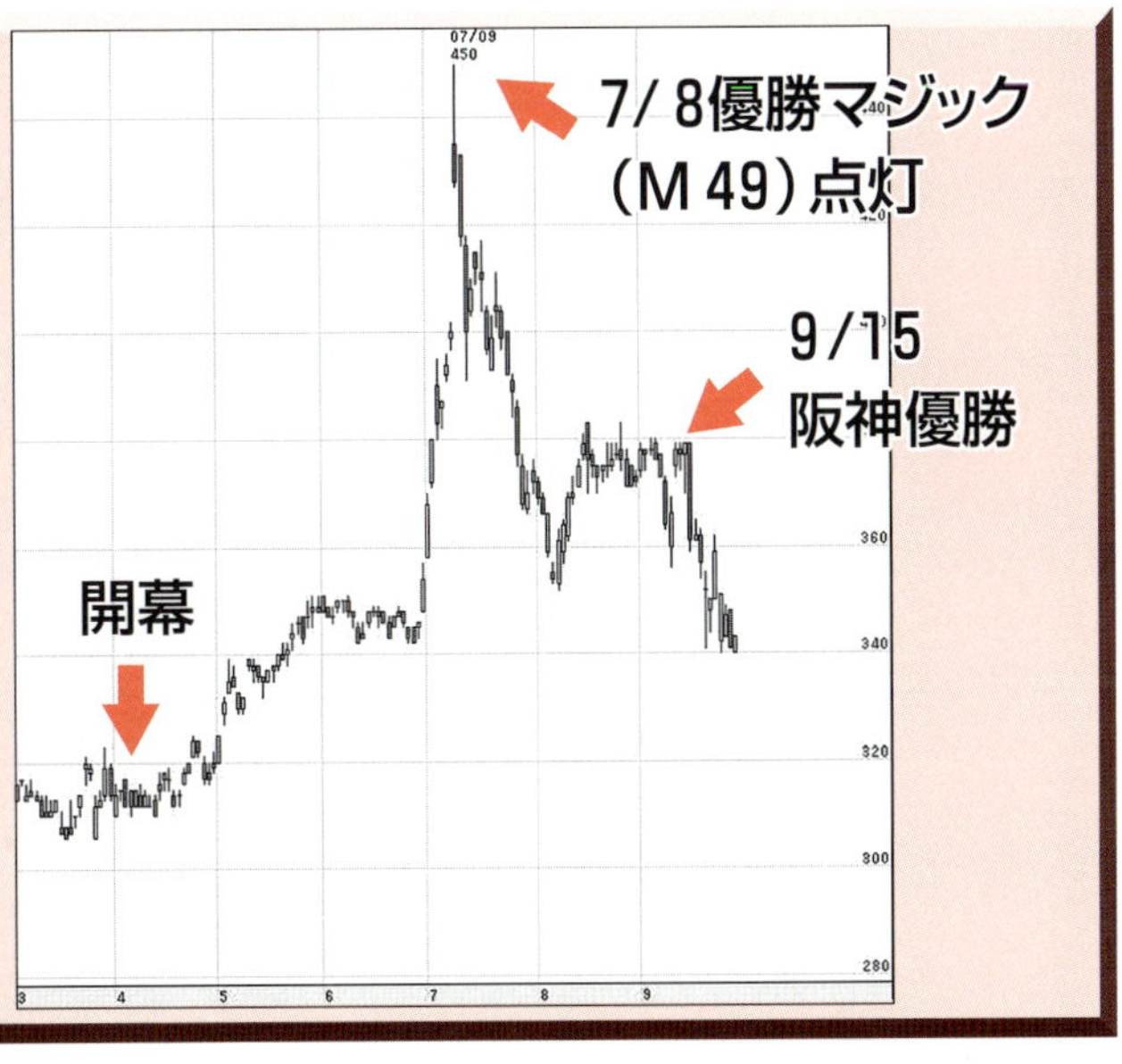

専門家たちの意見はどこまで信用すべきか

—投資雑誌を見ると、多くの専門家がいろんな予想をしているんで、どれを参考にしたらいいのかわからなくなってしまうんですよ。たとえば、日経平均が上がるという人もいるし、下がるという人もいる。どんな専門家の意見を参考にすればいいんですかねえ？

ハハハ、専門家の予想ねえ。予想を反対から読むと、何て読める？

—え？　予想を反対から読むとですか？　あっ、「うそよ」だ。

そうだよ。予想なんて、なかなか当たらないものなんだよ。

—ええ！　そんなものなの？　なんだかちょっとショックだなあ。

日経新聞が毎年一月三日にこの一年の予想という特集を組んで、株価の予想高値・予想安値や、為替の動向を専門家からアンケートをとっているんだけど、まあほとんど当たっていないね。一〇人いて一人当たっているかどうかというところだよ。

—そんなに当たらないものなんですか。じゃあ、専門家の意味がないですね。

ぼくも証券会社に勤めていたときは、「相場観を聞かれたら、現状からプラスマイナス三％くらいのことをいっておけば無難だぞ」とよくいわれたものだよ。それ以上大きく動いたら、「これは異常値ですよね」とか「ここまで来るとは誰も予想しませんでした」という便利な言い訳があるしね。

とにかく、それくらい先のことはわからないということ。前にもいったように、わからないリスクはプロも初心者も同じなんだ。

—それじゃあ、専門家の予想や意見なんて、まったく無意味じゃないですか。どうして、あんなにいろいろな雑誌や書籍で、予想を述べているんですか。

人に聞いて当たれば世話はないよ。どんなにプロ中のプロといわれている人でも、一〇〇戦一〇〇勝はありえない。プロだって負けることもあるんだ。でも、プロ中のプロたちは勝つツボを心得ているから、トータルではプラスにもっていけるんだよ。

—勝つツボって何ですか？

その人なりの確固たるスタイルを持っているということかな。

—やっぱり、スタイルを確立するのは大切なんですね。

そうだよ。とにかく、専門家や他人の意見は当たらないということを前提にして聞くことだね。でも、専門家の意見や予想は、まったく無意味というわけでもないんだ。

—どうしてですか？　当たらないのなら、聞く価値はないじゃないですか。

あくまでも参考意見として使うんだよ。少なくとも専門家は、初心者より経験があるし、情報も持っている。

予想は当たらないにしても、その結論を導き出した思考の筋道は初心者が勉強するにはいい参考になることも多いんだよ。

—少し話がむずかしくなってきましたね。

じゃあ、もっと簡単に説明しようか。

ある評論家が、今後は円高にふれると考えられるから、内需関連株がいいといったとしようか。その後、たしかに円高傾向になったけど、その評論家が推奨した内需関連株は上がらなかった。

そのとき、どうして上がらなかったのだろうと考えるんだよ。上がらなかったのには、何か理由があるはずだね。

その理由を調べれば、こういうときには円高でも内需関連株が上がらないんだということがわかって、株式投資の貴重な知識になるんだよ。

2003年1月の予想はどこまで当たった？

下の表は、2003年1月の新聞や雑誌で、日経平均の予想をした人のなかから10人をピックアップしてその予想株価を書き出したもの。実際と比べると……。

	高値（月）	安値（月）
1	12,000（12月）	8,000（2月）
2	11,500（4月）	8,500（8月）
3	12,000（9〜11月）	7,500（1〜3月）
4	13,000（10月）	8,000（1〜2月）
5	9,500（10〜12月）	7,000（1〜3月）
6	10,500（2月）	8,100（10月）
7	9,000（1月）	5,000（12月）
8	16,000（12月）	9,000（2月）
9	11,000（5月）	7,500（2月）
10	12,500（10月）	8,100（2月）

実際は…

高値 11,238.63　安値 7,603.76

Part2 6

一点勝負がいい？それともたくさん買うべき？

―ポートフォリオっていう言葉をよく聞くんですけど、ポートフォリオって何ですか？

ポートフォリオというのは、簡単にいえば、さまざまな投資を組み合わせて資産運用をしていくということなんだ。値動きのある金融商品はリスクがあるから、同じものばかりではなくいくつかに分散していったほうがリスクを減らすことができるという考え方なんだよ。

―じゃあ、株式投資をする場合も、ひとつの銘柄に絞るよりも、数多くの銘柄に分散しておいたほうがいいということですか？

うん、分散投資できるならそれに越したことはないと思うよ。ひとつの銘柄に大きな資金を注ぎ込んだら、もし下がった場合に大きな損失を受けるからね。

でも、いくつかの銘柄に分散しておけば、ひとつの銘柄が下がっても、他の銘柄が上がっているということもあるだろう。

―でも、いくつもの銘柄を買う資金がないんですけど……。

分散投資が基本だけど、これから株式投資をはじめようという人は、それに厳密にこだわらなくてもいいんじゃないかな。

前にもいったように、最初はETFなどのインデックスファンドからはじめて、自分で個別銘柄を選びたくなったら、ミニ株をひとつ買ってみる。少し資金に余裕ができたら、もうひとつミニ株を買ってみる。そうやっていけば、自然と分散投資になるよ。

―ひとつの銘柄からはじめて、だんだん増やしていけばいいのか。それなら、何とかできそうな気がします。

分散投資という点から考えるなら、買い増しするときは持っている銘柄とは別の銘柄にしたほうがいいよ。それに、違う業界の銘柄ならもっといいね。

―どうして、違う業界の銘柄にするんですか？

同じ業界の銘柄は、同じような値動きをすることが多いからさ。上がっているときはいいけど、下がるときにみんないっぺんに下げてしまうのは危険だからね。

―そういうことですか。

少し株式投資を経験して、分散投資をするなら、こういう方法はどうかな。

連想を働かせて、これはという銘柄を見つけたら、それをまず重点的に買う。そして資金的な余裕ができたら、違う業種の銘柄を少しずつ買い足していく。要するに、投資のコアとなる銘柄を決めて、そこにトッピング銘柄を加えていくという方法だね。

―コア銘柄とトッピング銘柄ですか。これなら、投資の対象がはっきりしてわかりやすいですね。コア銘柄では手堅く利益が上がりそうなものを選んで、トッピング銘柄ではちょっと冒険を、なんていう使い方でもいいかも。

まあ、冒険するのは、経験を積んでからだね。まずはしっかりと取引の経験を重ねること！

―ところで、分散投資ですけれど、だいたい何銘柄くらいまで持てばいいんですか？

それは個人の管理能力にもよるね。ぼくが運用をやっていたときには五〇銘柄くらいの値動きはつねに頭のなかに入っていたよ。でも、最初はそうはいかないだろうから、自分がどの銘柄をいくら買っていて、その値動きがどうなっているのかわかる範囲にしておいたほうがいいだろうね。

―ぼくの能力でいくと五つくらいかな。それくらいなら、仕事が忙しくても管理できますね。

コアとトッピングで分散投資を！

〜日本株ポートフォリオの例〜

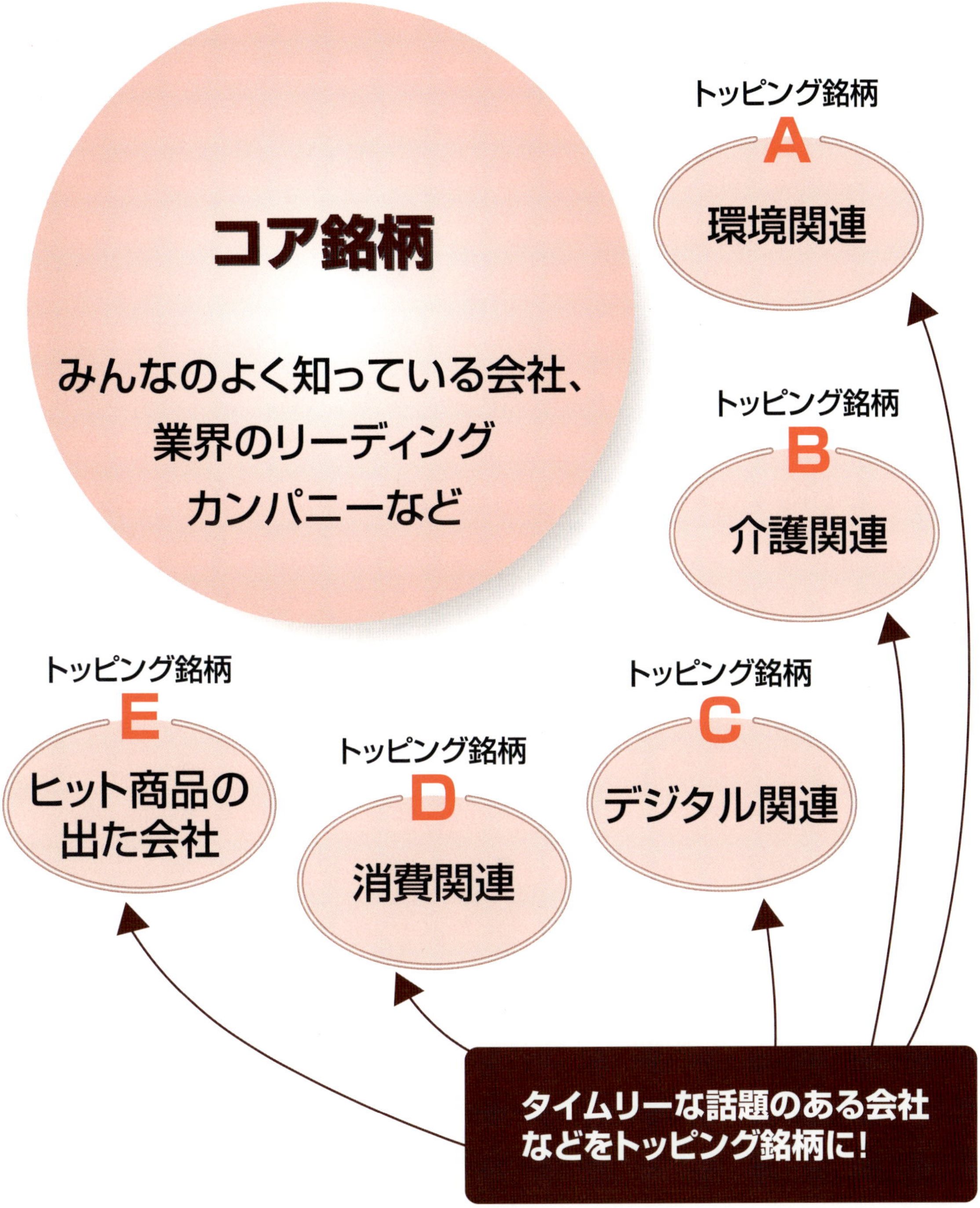

Part2 7 自分に合った証券会社で口座を開くために

—いよいよ、ぼくも株式投資をはじめようと思います。株を買うには、証券会社に口座をつくらなければいけないんですよね。でも、どの証券会社で口座を開けばいいのかよくわからないんですよ。

証券会社選びは大事だね。まず基本的なことから見ていこうか。

　証券会社の取引口座は、大きく分けて二つのタイプがあるんだ。ひとつは、証券会社の営業所や電話で、営業マンと直接話をしながら注文を出す従来型の口座、もうひとつはインターネットの取引画面に、自分で銘柄や売買株数などを入力して取り引きするインターネット口座（ネット口座）だよ。

—従来型の口座とネット口座では、どちらがいいんですか？

違いを見ていこうか。従来型の口座とネット口座のいちばん大きな違いは、手数料だよ。この二つの違いは、次ページに掲載したから比較してみよう。

—これを見るとネット口座のほうが断然手数料が安いですね。ということは、ネット口座のほうが有利ということですか？

従来型の口座は営業マンが対応するから人件費がかかるんだ。その分、人件費のかからないネット口座は、手数料を安くできるんだよ。でも、必ずしもネット口座が有利というわけではないんだ。とくに初心者にとってはね。

—どうしてですか？

ネット口座では、銘柄や数量の入力など、すべて自分で行わなければならないから、入力ミスをすることがあるんだよ。一〇〇〇株買いたいのに一万株の注文を出したら、そのとおり買われてしまうからね。間違っても自己責任で、注文確定のボタンを押してしまったら、取り消しはきかないんだ。

　その点、従来型の口座では営業マンと話をして注文を出すことができるからね。初歩的な間違いは、起こりにくいと思うよ。

—そうかぁ、入力ミスはぼくもやりそうだな。インターネットに慣れていない人は、危ないですよね。

うん。それに、従来型の口座ではいろいろと相談にも乗ってもらえるんだ。

　初心者は取引についてよくわからないことも多いだろう。そんなときも営業マンや店頭の受付の女性に聞けば、熱心に教えてくれるよ。

—初心者にとっては、その点は重要ですね。わからないときに、アドバイスをしてもらえると本当に助かるんですよ。

　情報に関してはどうですか？　従来型の口座とネット口座には違いがありますか？

そうだね。チャートなどの視覚的な情報としてはネット口座のほうが有利かな。ネット口座は営業マンなどに話を聞けない分、契約者の自己判断を援助するためのさまざまなツールが充実しているんだ。それを使いこなすことができれば、ネット口座はとても便利だろうね。

—でも、最初からいきなり使いこなすのはむずかしそうですね。どうすればいいんだろう。ますます迷ってきた。

いっそのこと、従来型の口座もネット口座も開設してみたら？　ネット口座の分析ツールを利用して情報をとりながら、売買注文は店頭口座で行えばいいんだよ。

—そうか！　それなら、慣れるまではアドバイスをしてくれる従来型の口座を利用して、慣れてきたら手数料の安いネット口座に移行するということもできますね。

約定代金100万円で手数料はいくら？

	店舗で売買（投資相談・コンサルティングあり）	インターネット・携帯電話で売買（投資相談・コンサルティングなし）
野村証券	11900円	9200円
大和証券	11500円	5750円
日興コーディアル証券	10350円	9200円
松井証券	なし	3000円
DLJディレクトSFG証券	なし	成行 1900円 指値 2500円
マネックス証券	なし	成行 1000円 指値 1500円
カブドットコム証券	なし	成行 1800円 指値 2300円
オリックス証券	なし	成行 1000円 指値 1400円
日興ビーンズ証券	なし	2500円
Meネット証券	5750円（コールセンター）	成行 900円 指値 1300円
岩井証券	なし	成行 1000円 指値 1500円
丸八証券	なし	1500円
Eトレード証券	なし	900円

※実際の手数料体系はもっと細分化されていますが、ここでは簡略化して表示しています。それぞれの証券会社にお問い合わせのうえ、ご確認ください

ネット口座選び、ここに注目!

――ネット口座について、もう少し詳しく教えてください。ネット口座の手数料は、どこもだいたい同じくらいなんですか?

いや、各社まちまちなんだよ。大まかに分けると、一回ごとの取引に手数料がかかるタイプと、一定額の手数料で何回でも取引ができるタイプがあるんだ。手数料だけを比べると、一回ごとの取引に手数料がかかるタイプのほうが安くなっているね。

――ネット口座を開くなら、どちらのタイプがいいんですか?

それは、その人の取引の仕方によるね。

あまり頻繁に売買をしない人は、一回ごとに手数料がかかるタイプのほうがお得だろうし、デイトレーダーのように一日のうちに何回も売り買いするような人は、一定額の手数料で何回でも取引ができるタイプのほうが得だと思うよ。

――きっとぼくはそんなに頻繁に売買しませんから、一回ごとに手数料がかかるタイプのほうがいいですね。

ネット口座選びのポイントは、手数料だけではないよ。証券会社によっては、取引できるのが東京証券取引所、大阪証券取引所に上場している銘柄しか取引できないところもあるんだよ。

そういうところでは、ジャスダックやマザーズ、ヘラクレスなどの新興市場の銘柄を売買することはできないんだ。

また、ミニ株を取り扱っているかどうかも、証券会社によって違うんだ。ミニ株を扱っていても、取引できる銘柄数も違ってくるんだよ。ミニ株からはじめたい人は、ミニ株をたくさん扱っている証券会社に口座をつくらなくてはいけないだろうね。

――ネット口座も、証券会社によってだいぶ内容が違うんですね。いろいろ比較しないといけないな。

インターネット上で使える機能も比較したほうがいいだろうね。これも証券会社によって、だいぶ使い勝手が違ってくるよ。

――そんなに違うものなんですか。

うん。たとえば、野村証券の野村ホームトレードは、さすがに国内最大手の証券会社だけあって、提供してくれる情報が充実しているといわれている。また、ネット証券のチャート画面も、最近はすごくいいものが出ているよ。

使える機能については、各証券会社のホームページに説明が書かれているから、よく読んでみて比較してみよう。また、証券会社によっては、お試し試用期間を設けているところもあるから、登録して使ってみると、よりわかりやすいかもしれないね。

――もうひとつ聞いていいですか? 話によると、ネット口座のなかにはアクセスしにくくなってしまうところがあると聞いたんですけど、そんなことって本当にあるんですか?

それはぼくも聞いたことがあるよ。脆弱なシステムを使っていて、利用者からアクセスが集中すると、サーバーが耐えきれなくなってパンクしてしまうらしいね。

困ったことに、アクセスが集中するのは相場が大きく動いたときなんだ。急騰しているときにアクセスできなくて買えないというのはまだ許せるとしても、暴落しているときにアクセスできなくて売れないのは大問題だね。

そういうことが起きないように各社ともシステムの整備をしているのだろうけれど、いちおうインターネットに流れている評判を確かめてみることも必要かもしれないね。

ネット証券選び、ここがポイント！

1 取扱商品

自分の投資したいスタイル、買いたい銘柄を扱っているかどうかをチェックしよう

ミニ株を取り扱っている証券会社	マザーズ、ヘラクレス、JASDAQを取り扱っている証券会社
野村証券（約1100銘柄）　大和証券（約2400銘柄）　日興コーディアル証券（約2550銘柄）　マネックス証券（約300銘柄）　丸八証券（約1100銘柄）　リテラ・クレア証券（約2400銘柄）など	野村証券　大和証券　オリックス証券　カブドットコム証券　DLJディレクトSFG証券　日興ビーンズ証券　マネックス証券　丸八証券　Meネット証券　リテラ・クレア証券　など

2 注文可能時間

注文できる時間は、自分の生活スタイルと合っているかをチェックしよう

原則24時間注文可能な証券会社
カブドットコム証券　Eトレード証券（ただし土20:00〜日6:00は休止）　丸八証券（平日・日曜　一部を除いて可。土祝日24時間可能）　オリックス証券（システムメンテナンスの時間あり）　マネックス証券（システムメンテナンスの時間あり）

3 携帯電話

携帯電話で取引をする人は、自分の機種に対応しているかをチェックしよう

iモードで取引可	EZwebで取引可	ボーダフォンで取引可
野村証券　大和証券　日興コーディアル証券　Eトレード証券　オリックス証券　DLJディレクトSFG証券　日興ビーンズ証券　松井証券　マネックス証券　丸八証券　カブドットコム証券　リテラ・クレア証券など	野村証券　大和証券　日興コーディアル証券　オリックス証券　松井証券　Meネット証券　Eトレード証券　マネックス証券　カブドットコム証券　DLJディレクトSFG証券　日興ビーンズ証券　リテラ・クレア証券など	野村証券　大和証券　日興コーディアル証券　Eトレード証券　オリックス証券　DLJディレクトSFG証券　日興ビーンズ証券　松井証券　マネックス証券　丸八証券　カブドットコム証券　リテラ・クレア証券など

4 情報機能

どんな情報を受け取ることができるのかをチェックしよう

リアルタイム株価表示（登録銘柄数）	充実したアナリスト情報	無料投資情報サービスが充実
野村証券（50）　大和証券（60）　日興コーディアル証券（100）Eトレード証券（50）　オリックス証券（150）　Meネット証券（50）　DLJディレクトSFG証券（300）　日興ビーンズ証券（100）　松井証券（50）マネックス証券（50）　丸八証券（50）　カブドットコム証券（54）　リテラ・クレア証券（100）　など	野村証券　日興ビーンズ証券　大和証券　リテラ・クレア証券　など	Meネット証券　など

この情報は2004.1現在のものです。詳しい内容はそれぞれの証券会社にお問い合わせのうえ、ご確認ください

相場編

嫌気売り
ある銘柄について悪い材料などが出てきて思いどおりに株価が上がらないために、投資家が期待感をなくして売り出す状態のこと。

インデックスファンド
日経平均やTOPIXなどの株価指数（インデックス）と基準価格が同じ値動きをするように運用しているファンド。

押し目
上昇傾向にある株価がいったん値動きを止めた後で、ほんの少し下げること。そのときに買いを入れることを「押し目買い」という。

織り込み済み
企業の業績や新製品発表、為替相場の動きなど、株価の動向を左右する材料を投資家があらかじめ察知して売買を済ませ、材料が出たときには株価が大きく動かない状態をいう。

材料
株価の値動きに影響を与える要因となるもの。業績発表や新製品、新技術の発表などが代表的な例。

下げ止まり
下がりつづけていた株価が、ある水準でそれ以上、下がらなくなること。

仕手筋
特定銘柄に集中投資して、株価を急激に上昇させて利ざやをとる集団。仕手筋に狙われた銘柄を「仕手株」という。

底値・大底
ある一定期間の値動きのなかで、もっとも安い株価を底値という。また、中長期的に見て、もうこれ以上下がることはないだろうと判断される水準を大底という。

底入れ
株価が下がって底をつき、上向きになること。

強含み
相場が上昇基調で、この先もまだ値上がりする気配にあること。逆に相場が下降基調で、さらに値下がり気配にあるときは「弱含み」という。

低位株
株価が安い銘柄のこと。ただし、いくら以下という基準があるわけではなく、そのときの全体の株価水準と比較してそう呼ばれる。

天井・大天井
ある一定期間のなかで、もっとも高い株価のこと。また、中長期的に見て、もうこれ以上上がることはないだろうと判断される水準を大天井という。

出直り
下降をつづけていた株価が下げ止まり、堅調な足取りになったことをいう。反転して上昇がつづくと「出直り相場」と呼ばれる。

軟調
買い材料に乏しく、相場がやや下降基調をつづけている状態を表現する。

人気買い
人気になって株価が上昇している株を買うこと。多くの人が買っているからという理由で飛びつく投資家心理の表れ。

値がさ株
全体の相場水準と比較して株価の高い銘柄。いくら以上という基準はないが、高度な技術力、高い収益性、すぐれた財務内容を持つ企業の株に多い。

値ごろ感
売買するのにちょうどいいレベルの株価ということ。とくに尺度があるわけではなく、それぞれの投資家の感覚的な判断。

半値押し・半値戻し
値上がりした株が上昇分の半分くらいまで値を戻すことを「半値押し」という。株価の下げ止まりの目安とされる。また、値下がりした株が下落分の半分程度まで値を上げることを「半値戻し」といい、値動きの流れが変わるポイントといわれる。

反落
上昇がつづいていた銘柄が、下落に転じることをいう。

物色買い
企業業績から見て株価が割安に評価されている銘柄を探して買うこと。将来的に評価され、値上がりするのを期待。

ヘッジファンド
世界中の市場で、信用取引やデリバティブ取引を活用し、巨額の資金を運用するファンド。市場に対して、大きな影響力を持っている。

目先
短期的な相場の動きのこと。短期的な相場の変動で利ざやを稼ぐ投資家を「目先筋」という。

もみあい
売り手と買い手の勢力が拮抗して、相場の行方がわからない状態。売り手も買い手も株価を動かそうと目一杯資金を張るので、何かをきっかけに均衡が崩れると一気に株価が動くことがある。

ろうばい売り
保有している銘柄が急落したとき、あわてて売りに出すこと。上がると思っていても、急落すると疑心暗鬼になり、手放してしまうことが多い。

Part3

買い時・売り時がわかれば株は儲かる

ここでは、株価分析のさまざまな手法を見ていこう。

—だんだん株をやっているという感じになってきましたね。

ファンダメンタル分析とテクニカル分析は、株の買い時・売り時を判断する重要な材料になるからね。

—ファンダメンタル分析とテクニカル分析ですか？

そう。ファンダメンタル分析は企業の業績から株価を分析するもので、テクニカル分析は株価チャートの形から相場の上げ下げや流れを分析するものなんだ。

—けっこうむずかしそうですね。ぼくに理解できるかな。

むずかしいことを知っているからといって利益が出るわけではないよ。まずは基本をしっかり身につけることが大切なんだ。

—はい。何事も基本ができていないと、応用もききませんからね。

そういうことだね。

買い時・売り時を判断するのに必要なものとは？

ファンダメンタル分析とテクニカル分析

どう？　少しは株式投資のことがわかってきた？

——ええ、だいぶわかってきたような気がします。

じゃあ、ここからより実践的な説明に入っていくよ。取引に直接かかわることだから、よく聞いておいてね。

——わかりました。

まずは買い時と売り時をどう判断するかということからだね。

——そこは、ぼくもぜひうかがいたいと思っていました。

買い時や売り時を判断するためには、株式の分析をしなければならない。そのために、おもに二つの分析が用いられているんだ。ひとつがファンダメンタル分析、もうひとつがテクニカル分析。

簡単にいえば、ファンダメンタル分析は企業の業績を分析するもので、テクニカル分析は株価の動きを元に値動きを予想する分析なんだ。

——だんだん本格的になってきましたね。

ファンダメンタル分析には、営業利益や経常利益、当期利益、発行済み株式数、株主資本などの企業の基本的な経営指標が用いられるんだ。

こうした情報は『会社四季報』や『日経会社情報』などの株式情報誌を見ればわかるし、ネットでも見ることができるよ。

ヤフーファイナンスで直近三期の決算情報を見ることができるし、証券会社のネット情報でも見ることができるよ。

——決算書は苦手なんだよなあ！

どこに注目すればいいかは、次の項で説明するから、心配しなくて大丈夫だよ。

テクニカル分析は、株価の動きを表すグラフ「株価チャート」をもとにさまざまな計算をして、買い時・売り時を判断するんだ。

——計算するんですか？

大丈夫。これも計算された指標が手に入るからね。むずかしい計算をする必要はないよ。

——それを聞いて安心しました。ファンダメンタル分析とテクニカル分析は、どう使い分ければいいのかな。

株価は長い目で見れば、企業の業績を反映していると考えていい。儲かっている会社は、評価を受けるはずだからね。

だからファンダメンタル分析は、長期的な株価の推移を判断するのに有効だといえるんだ。

でも、短期的に見ると、必ずしも株価は業績どおりに動いているわけではないんだよ。好決算が発表されても、株価が下落することもあるからね。だからテクニカル分析で株価のこれまでの動きから、次の動きを推測するんだ。

——ファンダメンタル分析とテクニカル分析は、どちらのほうが重要なんですか？

それはよく聞かれる質問なんだ。ぼくの答えは両方。

ファンダメンタル分析だけでは短期的な動きについていけないし、テクニカル分析だけでは企業が持つ潜在能力を読むことができない。バランスよくどちらも取り入れて、買い時・売り時の判断をしていくべきだと思うよ。その割合は、投資家それぞれのスタンスなんだ。

——両方の分析法を上手に使う人が、買い時・売り時を上手に見つけられるんですね。

そういうことだね。ただし、株価を左右する要因は、それ以外にもあるよ。円ドル相場などの為替の動き、経済全体の動向、政治の動き、日銀や財務省高官の発言などにも影響されるんだ。だから、少なくとも毎日、新聞を読むか、テレビのニュースは観るようにしておいたほうがいいよね。

ファンダメンタル分析とテクニカル分析

ファンダメンタル分析

経済情勢や業績などを分析して、銘柄の本質的価値を見出していく方法。業績は会社四季報などで調べてみよう

株主構成欄
会社の株を多く所有する大株主や外国人投資家の持ち株比率などがわかる

社名・会社概要・事業内容欄
証券コード、社名をはじめとし、会社の特色や業界内での地位や系列、事業内容と売上構成比などがわかる

財務欄
財務情報やお金の出入りなどがわかる。ROEも掲載されている

コメント欄
今期、または来期の業績の見通しや、最近のトピックスなど、株価に影響がありそうな材料を解説している

6758 ソニー
【決算】3月 幟
【設立】1946.5
【上場】1958.12
【特色】AV機器世界最大、ブランド力抜群。ゲームが急成長。映画・音楽・金融にも多角化
【連結事業】エレクトロニクス61(1)、ゲーム13(12)、音楽7(▲1)、映画11(7)、金融7(4)、他1(▲13)【海外】72〈03・3〉

【減益】収益源のゲームはソフト増で利益高水準。AV・音響等のエレキは新商品積極投入で下期盛返すが、リストラ費用(1300億円)が収益圧迫。前年大健闘の映画も後退。関連会社株の売却益消え、最終大幅減益。04年度は合理化効果発現。
【商品】ゲーム技術を応用したDVDレコーダー「PSX」を年末発売。エレキは3年で3000億円のリストラ費用計上。

年月	【資本異動】	万株
01. 6	連結株307万株(3300円)	91,963
02. 10	交換	92,234
03. 5	交換	92,366

02. 4 最高益6729万ドル 6931円

東証	高値	安値
58~00	33900(00)	251(65)
01	10340(5)	3960(10)
02	7460(5)	4810(9)
03. 1~8	5130(1)	2720(4)

225	高値	安値	出来万株
03. 4	4240	2720	15,649
5	3190	2775	14,150
6	3590	3220	10,633
7	4050	3350	14,923
8	3880	3500	6,037

【格付】SP A+(ネ) M A1 RI AA
【連結債務償還年数】〈03. 3〉1.1年

【株式】7/31 923,946千株
単位 100株 貸借
みなし 3,280円(東証)
【財務】〈◎03.3〉百万円
総資産 8,370,545
株主資本 2,280,895
株主資本比率 27.2%
資本金 476,278
利益剰余金 1,301,740
有利子負債 966,184
【指標等】〈◎03.3〉
ROE 5.1% 予2.2%
ROA 1.4% 予0.6%
調整1株益 118.2円
最高純益(98.3) 222,068
設備投資 2,612億 予3,500億
減価償却 3,519億 予3,900億
研究開発 4,431億 予 ‥億
【キャッシュフロー】億円
営業CF 8,537(7,375)
投資CF ▲7,064(▲7,671)
財務CF ▲931(850)
現金同等物 7,130(6,838)

【株主】連740,670名〈03.3〉万株
モクスレイ&Co. 6,300(6.8)
日本トラスティ信託信託口 4,816(5.2)
日マスター信信託口 3,921(4.2)
ステート・ストリート・バンク&トラスト 2,358(2.5)
チェース(ロンドン) 2,245(2.4)
三井住友銀行 1,594(1.7)
UFJ信銀信託A口 1,505(1.6)
チェース(ロンドン)SLオムニバス・アカウント 1,277(1.3)
ボストン・セーフ・デポジット・ビーエスディーティー 1,139(1.2)
レイケイ(株) 1,050(1.1)
〈外国〉35.8% 〈浮動株〉26.7%
〈投信〉4.0% 〈特定株〉28.4%
【取締】(取)出井伸之 安藤国威 徳中暉久 ⇨巻末
【代執】出井伸之 安藤国威 徳中暉久
【連結】ソニー生命保険, ソニー・アメリカ 〈03.3〉1,035(84)社

【業績】(百万円)	売上	営業利益	経常利益	利益	1株益(円)	1株配(円)	1株営業CF	1株株主資本
◎02. 4-6	1,721,806	51,870	116,643	57,181	62.2		‥	‥
◎03. 4-6	1,603,780	16,672	35,771	1,121	1.2		‥	‥
◎02. 3	7,578,258	134,631	92,775	15,310	16.7	25	803.1	2,570
◎03. 3	7,473,633	185,440	247,621	115,519	125.7	25	928.3	2,467
◎04. 3予	7,400,000	130,000	130,000	50,000	54.1	25	配当利回り	0.65%
◎05. 3予	7,400,000	200,000	200,000	100,000	108.2	25		
中02. 9	3,511,536	102,391	165,463	101,232	110.1	12.5	274.4	2,560
中03. 9予	3,500,000	50,000	50,000	20,000	21.6	12.5		
単03. 3	2,526,264	▲136,644	▲29,525	▲4,868	▲5.5			1,969
単04. 3予	2,600,000	▲100,000	0	0	0.0			

【本社】141-0001東京都品川区北品川6-7-35 ☎03-5448-2111
【事業所】大崎東, 大崎西, 芝浦, 品川, 厚木, 仙台, 他
【従業員】〈03.3〉連161,100名 17,159名(38.7歳)年887万円
【証券】上5市場, NY, LON, 他9 幹野村, 大和, 日興 名UFJ信 監中央青山
【銀行】三井住友, 東京三菱, みずほC, UFJ, UFJ信
【URL】http://www.sony.co.jp/

業績欄 過去3期の実績数字と2期の予想数字、配当などがわかる

会社四季報　2003年4集

テクニカル分析

株価(チャート)の過去の推移から判断して、将来の株価を予想するもの

ソニー

移動平均線
株価のトレンドをつかむのにとても便利なツール。原則的に、移動平均線が上向いていると「上昇トレンド」、下向きだと「下落トレンド」

ローソク足チャート
株価の動きを表したもの。ローソクの形に似ていることから名づけられた。ローソク足には、始値、高値、安値、終値の4つの値が表示されている。毎日の4本値で作成するものを日足(ひあし)、1週間で作成するものを週足(しゅうあし)、1カ月を月足(つきあし)と呼ぶ

Part3 2

ファンダメンタル分析はこの項目をチェック！

成長する企業を見抜くポイント

ファンダメンタル分析のポイントをひとつあげるとしたら、それは、売上高と営業利益、営業利益率の推移を見るということなんだ。

――どういうことですか？

売上と利益の変化で企業を４つに分けるとする。まず、売上が増えて利益も増える増収増益がいちばんいい。次にいいのは売上が減っても増益（減収増益）、その次が増収減益、一番悪いのは減収減益の会社だね。

――売上高と利益の推移は何を見ればわかりますか？

『会社四季報』などにも載っているよ。ただし利益にはいろいろな種類があるので区別しなければいけないんだ。ぼくはまず、営業利益を見ることをすすめているんだよ。

――営業利益ですか？

そう、企業の業績欄を見ると、売上高の次に営業利益と経常利益というのがあるだろう？

――はい、ありますね。

営業利益は、本業で稼いだ利益のこと。それに対して、一般的によく使われる経常利益は、本業以外で稼いだ収益も含まれている。

　つまり、本業での売上高が上昇し、その結果利益が伸びているなら成長しているといえるけど、売上高の中に営業外収益の比率が高いと、成長しているとはいいがたいんだ。本業での売上高が伸びているわけではないからね。

――そうか、アルバイトで稼いでいるようなものですものね。

バブルの頃には、営業外利益が営業利益を上回っていた企業がたくさんあったんだ。経常利益や純利益は伸びているから、一見すると成長しているように見えるけれど、実際は中身がともなっていなかったんだよ。

　典型的な例としては、巨額のお金を借りて運用していた財テク企業だよ。そういう企業はバブル崩壊後に莫大な負債を抱えたんだ。もちろん株価が急落したのはいうまでもない。

――まずは、売上高の推移が順調に伸びている企業に着目して、次に、営業利益が伸びていることを確認する。本業が順調に成長しているのかを見極めることが大事なんですね。

　では、営業利益率はどこを見ればわかりますか？

『会社四季報』には載っていないね。でも営業利益や売上高は載っているから、営業利益を売上高で割ってもいいし、企業のホームページの決算情報やＩＲ情報（投資家向け情報）に載っている場合もあるよ。

　営業利益率は、売上のなかで本当の稼ぎに結びついている割合を表したものなんだ。たとえ売上高が高くても、利益率が低い企業は、儲かりにくいよね。

――多く売っても儲けは少ないということですか。

そういうこと。この一〇年はデフレが進行していたから、値下げ競争が激しかったんだ。値下げをすれば、売上は多くなる可能性もあるけれど、半面、自分たちの体力も消費してしまうこともある。値下げ競争に走った企業の多くが、いま苦しい状況に追い込まれているんだよ。

――きちんと利益を上げていないと、経営は苦しくなるばかりですからね。

そういうことだね。売上や営業利益が順調で利益率が伸びている企業は、着実に儲けを生み出しているし、今後も期待できると考えていいんだよ。

売上高と利益に注目！

■会社四季報で売上高と営業利益の推移を見る

7203 トヨタ自動車《じどうしゃ》

【決算】3月 幌
【設立】1937.8
【上場】1949.5

【特色】自動車生産国内首位、世界3位。国内登録車シェア4割強。余資豊富で好財務。海外生産拡大中

【連結事業】自動車92(9)、金融4(4)、他4(2)
【海外】65 〈03・3〉

【増額】今期から米国基準に一本化。国内は新型車積極投入で後半回復。海外好調で03年世界生産を600万台(6%増)に上方修正。円高による収益目減り(1円円高で250億円)こなし実質営業微増益。

【着実】第1四半期の減速は北米の生産入替えの影響で一時的。9月、カナダでレクサス生産開始。米国アラバマでエンジン生産増強。ハイブリッド適用車種を拡大。

年月	【資本異動】	万株
91. 8	分1→1.1	371,629
98. 10	合併	379,101
00. 10	交換	374,399
02. 5	消却	360,999
02. 10	交換	360,999

01. 8 ワ債6億円 4203円

東証	高値	安値
49~00	**5800**(00)	**21**(50)
01	4710(3)	2665(9)
02	3920(3)	2690(7)
03. 1~8	3520(7)	2455(4)

225	高値	安値	出来万株
03. 4	2710	**2455**	14,040
5	2860	2620	11,030
6	3180	2835	14,219
7	**3520**	3000	16,474
8	3430	2975	11,351

【格付】SP AAA(ネ) M Aaa RI AAA
【連結債務償還年数】〈03. 3〉5.5年

【株式】7/31 3,609,997千株
単位 100株 貸借
みなし 2,608円（東証）
【財務】〈連03.3〉 百万円
総資産 20,742,386
株主資本 7,460,267
株主資本比率 36.0%
資本金 397,049
利益剰余金 7,219,896
有利子負債 7,265,002
【指標等】〈連03.3〉
ROE 12.7% 予10.3%
ROA 4.6% 予 3.7%
調整1株益 272.7円
最高純益(03.3) 944,671
設備投資 9,935億 予9,200億
減価償却 7,381億 予7,700億
研究開発 6,716億 予6,900億
【キャッシュフロー】 億円
営業CF 13,294(7,591)
投資CF ▲13,858(▲9,540)
財務CF 335(3,480)
現金同等物 16,232(16,881)

【株主】単363,944名〈03.3〉 万株
日本マスターT信託 25,847(7.1)
日本トラスティ信託 19,746(5.4)
豊田自動織機 19,672(5.4)
自社(自己株口) 15,837(4.3)
日本生命保険 13,693(3.7)
資産管理サービス信 10,994(3.0)
UFJ銀行 10,451(2.8)
新生銀行 10,050(2.7)
三井住友銀行 9,558(2.6)
三井アセット信託銀 9,131(2.5)
〈外国〉15.0% 〈浮動株〉5.7%
〈投信〉2.7% 〈特定株〉40.6%
【役員】(会)奥田碩 (副会)磯村巖 池渕浩介 (社)張富士夫 (副社)齋藤明彦 荒木隆司 石坂芳男 白水宏典 ⇨巻末
【連結】東京トヨタ自動車, ダイハツ工業, 米国トヨタ自動車販売 〈03.3〉581(51)社

【業績】(百万円)	売上	営業利益	経常利益	利益	1株益(円)	1株配(円)	1株営業CF	1株株主資本
◉02. 4-6	3,877,673	392,573	422,281	246,365	68.4		‥	2,063
◉03. 4-6	4,092,939	340,772	371,279	222,585	64.8		‥	2,151
連02. 3	15,106,297	1,123,470	1,113,524	615,824	170.7	28	210.4	2,060
連03. 3	16,054,290	1,363,679	1,414,003	944,671	272.8	36	384.8	2,226
◉04. 3予	**15,800,000**	**1,310,000**	**1,270,000**	**770,000**	**213.3**	**36~38**	配当利回り	**1.12%**
◉05. 3予	**16,400,000**	**1,370,000**	**1,330,000**	**790,000**	**218.8**	**36~40**		
中02. 9	7,886,681	730,827	794,028	553,797	158.5	16	152.3	2,180
中03. 9予	7,620,000	690,000	720,000	430,000	119.1	16~19		
単03. 3	8,739,310	861,323	892,676	634,059	178.1			1,652
単04. 3予	**8,700,000**	**770,000**	**820,000**	**540,000**	**149.6**			

【本社】471-8571愛知県豊田市トヨタ町1 ☎0565-28-2121
【東京本社】☎03-3817-7111
【名古屋ビル】☎052-952-2111
【工場】本社, 元町, 上郷, 高岡, 三好, 堤, 他6
【従業員】〈03.3〉連264,096名 65,551名(37.2歳) 年805万円
【証券】上5市場, NY, LON 幹(主)野村(副)日興, 大和 名UFJ信 監中央青山
【銀行】UFJ, 三井住友
【URL】http://www.toyota.co.jp/

会社四季報　2003年4集

ここに注目！

■企業のホームページのIR情報から営業利益率を見る

平成15年11月5日
トヨタ自動車株式会社
広　報　部

平成16年3月期　中間連結決算参考資料（15.4～15.9）

（　）内は、前年中間期比増減率

	前年中間期実績 (14.4～14.9)	当中間期実績 (15.4～15.9)	当期予想 (15.4～16.3)
販売台数	2,951千台	3,170千台（7.4%）	6,570千台
	億円	億円	
売上高	76,134	82,242（8.0%）	
営業利益	6,850	7,677（12.1%）	
〈利益率〉	〈9.0%〉	〈9.3%〉	
税金等調整前中間純利益	7,144	8,120（13.7%）	
〈利益率〉	〈9.4%〉	〈9.9%〉	
中間純利益	4,258	5,244（23.2%）	
〈利益率〉	〈5.6%〉	〈6.4%〉	
増減益要因〈営業利益〉		営業利益は827億円の増益 (増益要因)　億円 ・原価改善の努力　1,100 ・営業面の努力　100 (減益要因)　億円 ・研究開発費および労務費の増加ほか　△ 373	
	億円	億円	億円
設備投資（除くリース用資産）	4,697	4,214	9,500
減価償却費	3,448	3,767	7,700
研究開発費	2,924	3,046	6,900
業績評価		増収増益 売上高、営業利益、税金等調整前	

ここに注目！

3 PERを使いこなそう

PER（株価収益率）の使い方

今度はファンダメンタル分析でよく出てくるPER、ROE、PBRについて見ていこう。

――そうそう。このアルファベットは、株の雑誌でもよく見かけます。いったいどういう意味なんだろうと思っていたんです。

PER、ROE、PBRは、株価が割安か割高かを判断するための材料なんだ。

――割安と割高？

順番に説明していこう。

　PERは「株価収益率」と訳すんだけど、ある意味では人気のバロメーターみたいなものなんだ。計算式は「株価」÷「一株当たり利益」となるんだけど、これじゃあ何のことかわからないよね。

――どういうことだか、さっぱりわかりません。

「一株当たり利益」というのは、企業があげた利益を発行済み株式数で割ったものなんだけど、これは一株に対してどれだけ利益があがっているかという指標で、その企業の収益力を示すものなんだよ。

　たとえば、いまきみが一株一〇〇〇円の株を持っているとしようか。その株の一株当たり利益は五〇円、つまりきみの一株が五〇円の利益を生み出しているということだね。

　一株当たり利益五〇円に対して、株価が一〇〇〇円。ということは、一株当たり利益の二〇倍の値段になっている。これがPERの意味なんだ。

――PERマイナスの場合がありますけど、これはどういうことですか？

それは赤字を出している企業だね。利益がマイナスだから、PERもマイナスの数字になって出てくるんだよ。

――PERがどうやって導き出されるのかはわかりましたけど、その意味するところがまだちょっとよくわかりません。

じゃあ、こういう説明をしようか。

　次ページの下を見てくれるかい。A社はPER二〇倍。一方、B社はPER一〇倍だね。

　一株当たり利益が同じ五〇円ということは同程度の収益力を持っていると考えられるけど、A社の株価は一〇〇〇円なのに、B社の株価は五〇〇円。

　つまりA社の株のほうが人気があってよく買われているというのはわかる？

――つまり、PERが高いということは、それだけ人気があって買われているということなんですね。

その通り！

――PERを株の売買に役立てるには、どうすればいいんですか？

PERは比較してこそ意味があるんだ。

　いま例にあげたA社とB社では、B社のほうがPERが低いだろう。

　同程度の収益力なんだから、A社と同じPER二〇倍になってもおかしくないんじゃないか。

　そう考えれば、B社の株価がまだ安いうちに買っておこう、ということになるんだよ。

――なるほど、PERを比べてみて、低いほうが割安だからお買い得ということなんだ。

基本的にはそういうことだね。でも、いくつか注意しなければいけない点があるんだよ。

　まず、B社に株価が低くなるような悪い材料が見当たらないことが重要だね。何か経営に悪い材料があって株価が落ちているとしたら、割安ではなく、買ってはいけない株になるよね。

　もう一点は、同じ業界で比較すること。同じ業界では利益構造が似通っているから比較しやすいんだ。

――違う業界とは比較できないんで

PERを同業他社どうしで比較する

PER（株価収益率）…　現在の株価が、企業の生み出した利益の何倍になっているかを表す。

$$\frac{\text{株　価}}{\text{1株当たり利益（EPS）}} = \text{PER}$$

EPS……1年に1株あたりいくらの利益を生み出しているかを示す
EPSが高いと「収益価値が高い」
EPSが低いと「収益価値が低い」

↓

PERは同業他社を比較するのに便利！

A社

EPS → 50円
株価 → 1000円
PER → 20倍

B社

EPS → 50円
株価 → 500円
PER → 10倍

↑
割安

EPSがA社と同じなんだから、本当なら20倍の1000円になってもいいはずだ！

すか？

まったくできないわけじゃないけど、違う業界では、利益構造も違うから一株当たり利益もまるで違ってくる。単純に比較できなくなってしまうんだよ。だから、同業界のほうがいいね。

――はい、ばっちりわかりましたよ、PER。

いやいや、まだこれだけじゃないよ。

いまのはPERを使った割安な株の見つけ方だけど、PERにはまだいろいろな使い方があるんだ。

――え？　まだあるんですか。

うん。これも次ページの図を見てくれるかい。たとえば、業界平均のPERが二〇倍だとしよう。これに対して、A社は同等のPER二〇倍。比べて、B社はその三倍のPER六〇倍になっているとするよね。

――一株当たり利益が同等ですから、これはものすごく買われすぎということですね。

いままで説明してきた論法では、そうなるよね。

業界平均が二〇倍なのに、PERが六〇倍では株価を上げすぎだから、業界平均の二〇倍までとはいわないまでも、半分の三〇倍まで落ちてくるかもしれない。

そうなると、株価は半分の一五〇〇円になるということだから、この株は買いの対象とはならないことになるね。

――そういうことになりますね。業界平均のPERは、手に入る情報として出ているんですか？

いや、あまり出てこないね。でも、契約している証券会社の営業マンにたずねてみるといいよ。証券会社は、そういうデータも持っているからね。

こういう情報を得るために、口座をつくるんだから、どんどん聞いたほうがいいよ。

――そうか。その手があったんですね。

説明に戻るよ。

それぞれの会社の状態をよく見てみると、A社のほうはまあ普通にやっていて平均的に成長しているけれど、B社のほうはものすごく成長著しくて、毎年高い成長率を記録している企業ということもあるんだよ。

そういう企業は、利益の伸びも大きいから、いまは一株当たり利益が同じ五〇円だけど、来期には一〇〇円、一五〇円になるかもしれない。

一〇〇円になればPERは三〇倍、一五〇円になれば二〇倍になるよね。そうなると、B社のPERは全然割高ではなくなるんだよ。

――うーん、むずかしいなあ。

PERを比較するときには、会社の経営内容をよく検討しなければならないということ。

もし画期的な新製品を開発して、それが大ヒットすれば、利益はグングン上昇していくだろう。それにつれて高いPERも下げて、割高感がなくなることもあるんだ。

こういう企業はPERが高くても、買いの対象になるよ。

――成長している会社かどうかは、どうやって見分ければいいんですか？

利益の伸びのトレンドを見るのが、いちばん。四季報のデータで利益の推移は見れるし、二期先の予想利益も出ているよ。そして、トレンド的に把握しやすい主力製品が伸びているかを見るのもポイント。

――売上の内容まで見なければいけないというのは、けっこうハードルが高そうだなあ。

いまはIR（インベスター・リレーションズ）といって、株主に対する情報開示が進んできているから、企業のホームページを見ると、そうした情報も比較的簡単に見ることができるんだよ。

そういうものは積極的に利用するようにしたほうがいいね。

PERを業界平均PERと比較する

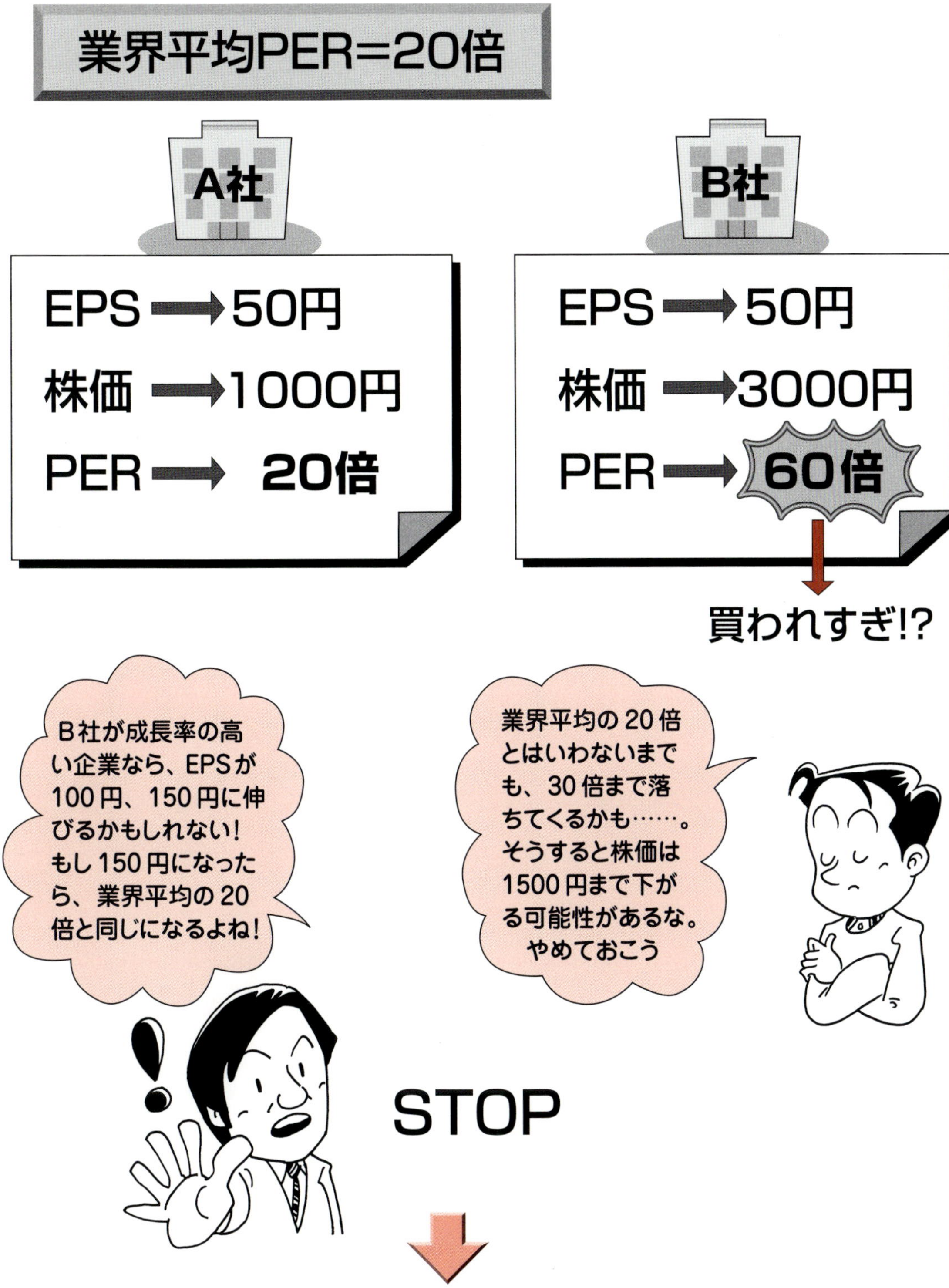
業界平均PER＝20倍
A社
EPS → 50円
株価 → 1000円
PER → 20倍
B社
EPS → 50円
株価 → 3000円
PER → 60倍
買われすぎ!?
B社が成長率の高い企業なら、EPSが100円、150円に伸びるかもしれない！もし150円になったら、業界平均の20倍と同じになるよね！
業界平均の20倍とはいわないまでも、30倍まで落ちてくるかも……。そうすると株価は1500円まで下がる可能性があるな。やめておこう
STOP

PERを比較するときは、会社の経営内容（とくに利益の伸び）を見ることが大切

ROE、PBRの意味を知っておこう

ROE、PBRの使い方

――ROE、PBRというのもよく聞くんですが、これはどういうことを表しているんですか?

ROE、PBRをどうやって算出するかは次ページの説明を見ておいてね。

ROEは「株主資本利益率」といって、株主が出した資本を企業がいかに有効に使って利益を出しているかを表す指標なんだ。この数字が高ければ高いほど、株主資本は有効に使われていて、経営は順調だということだよ。

――へえ、そうなんですか。

一九七〇年頃から、アメリカ企業では機関投資家の株主比率が高まって、投資した資本に対して、企業がどれだけ利潤をあげられるのかが重視されるようになったんだ。

九〇年頃にはアメリカ企業の平均ROEは十数%もあって、二〇%を目指そうといわれていた。

それに対して日本のROEは非常に低くて、二、三%程度しかなかったんだ。それで、なんとか一〇%を目標にしようとやっていたんだよ。

――アメリカの企業に比べて、いかに日本の企業が、非効率的な資本の使い方をしているかということですね。

うん。しかもその後の不景気で日本企業の収益は落ち込んでいるのと、アメリカに比べて日本は税金が高いせいもあるからROEが二ケタの企業は数少ないと思うよ。

――じゃあ、ROEが高い企業が買いなんですか?

基本的にはね。ただ、短期的に見た場合は、必ずしもROEが高いからといって株価が上がるわけではないんだ。

でも、ROEを高めることは一株当たり利益を高めることになるから、長期的に見れば、株価を押し上げる要因になると思うよ。ROE単独で見るんじゃなくて、PERを比較する際の参考として使えばいいんじゃないかな。

――わかりました。では、PBRはどうでしょう。

PBRは「株価純資産倍率」といって、株価をBPS(一株当たり純資産)で割ったものなんだ。計算式は次ページで見てね。

企業が解散した場合、その企業が持っている資産は企業のオーナーである株主に分けられる。もし、そうなった場合に、一株当たりいくらの資産をもらえるかを示したのがBPSなんだ。

――ということは、PBRは、現在の株価が、BPSに対してどれくらい高いか、低いかを示していることになりますよね。

そうだね。現在の株価が三〇〇円で、BPSも三〇〇円なら、いま会社が解散しても理論的には株価と同額の資産をもらえることになるよね。

ところが、株価が三〇〇円でBPSが五〇〇円なら、いま会社を解散してもらったほうが差し引き二〇〇円の得ということになるね。

ということは、BPSより株価が低い、つまりPBRが一以下のときは、株価は資産価値以下だから割安だと判断できるんだよ。

――そうなんですか。でも、日経平均株価が八〇〇〇円を割り込んだとき、多くの企業のPBRが一を割り込んだと聞いたんですけど、どうして買われなかったんでしょうか。

PBRが一以下の企業は株価が一〇〇円を切るような危ないところが多いからね。もし本当に倒産したら、理論のように資産が分割されて戻ってくることは少ないから、手を出しづらいんだ。

このPBRも初心者にはちょっとわかりづらいから、PERの参考として見る程度で十分だよ。

ROE、BPS、PBRって何？

◎ROE（株主資本利益率）… 株主資本に対する、税引き後の利益の割合を表した数字

$$\frac{1\text{株当たり利益}}{1\text{株当たり株主資本}} = \text{ROE}\ (\%)$$

パーセンテージが高ければ、株主が出した資本を効率よく利用し、多くの利益を生み出したということ!

◎BPS（1株当たり純資産）… 会社が解散した場合の1株当たりの価値

$$\frac{\text{純資産}}{\text{発行済み株式数}} = \text{BPS}\ (\text{円})$$

大きいほど財務内容がいい

◎PBR（株価純資産倍率）… 現在の株価が、1株当たり純資産（BPS）と比べて高いか、低いかを表す

$$\frac{\text{株価}}{\text{BPS}} = \text{PBR}\ (\text{倍})$$

PBRが1のときは、現在の株価と1株当たりの純資産が同等

ローソク足チャート これだけは覚えよう

ローソク足の見方

次はいよいよテクニカル分析だよ。テクニカル分析の代表的なものは、株価チャートの分析なんだ。これは、株の売り買いをするときに、もっともよく利用するものだから、きちんと覚えておいたほうがいいね。

——株価チャートを見ると、なんだか株をやっているという気になりますね。

そうだね。株価チャートは株の値動きをダイレクトに表したものだから、テクニカル分析をするうえではもっとも重要なものになるんだ。

——株価チャートにはいくつか種類があるんですか。

一日ごとの値動きを示したチャートを日足《ひあし》というんだ。同じように、一週間単位のものを週足《しゅうあし》、月単位のものを月足《つきあし》、年単位のものを年足《ねんあし》と呼んでいるんだよ。

よく使われるのは日足と週足で、短期的な株価の動向が読みやすい。月足や年足は長期的なトレンドを見るのに適しているね。

また、場が開く午前九時から、場が閉まる午後三時までの一日分の値動きを示すチャート、日中足《にっちゅうあし》もあるんだ。これは超短期の動きを見るもので、デイトレーダーなどが使うね。

——チャートにたくさんある白や黒の棒みたいなものは何ですか?

これはローソク足というものだよ。ローソク足の見方は次ページの解説を読んでね。

要するに、日足の場合は、その日の始値、終値、高値、安値が一本の棒で示されているんだよ。白ければ「今日は上がったんだ」、黒ければ「下がったんだ」と感覚的にわかるだろう。

チャートの書き方にはいろいろ種類があるけれど、一般的に使われるのはこのローソク足チャートだから、まずはローソク足チャートを読めるようにしておくようにね。

——ローソク足には、長いものや短いもの、それに上下に細い線が伸びているものなど、いろんな形がありますね。これはどう見たらいいんですか?

うん、いろいろな本でたくさんの形のローソク足が紹介されているんだけど、初心者にこれをすべて覚えろというのは、厳しいと思うんだ。

——たしかに、これをいっぺんには覚えきれないですよ。

だから、ぼくはまず三つの形をしっかり覚えるように奨めているんだ。

——三つの形だけでいいんですか?

その形を覚えたうえで、だんだんと他の形を覚えていけばいいんだよ。最初から何もかも詰め込もうとするのは、かえって混乱を招くからね。

——その三つの形をぜひ、教えてください。それだけは絶対に頭に叩き込んでおきます!

じゃあ説明するよ。五一ページの図を見てごらん。ひとつの形は、「同事線」という形なんだ。

——同事線? ああ、十字架みたいなやつですね。

そうだよ。ローソク足チャートのなかでは、この同事線がとても重要なんだ。

——特徴的な形をしてますよね。でも、なぜこれが重要なんですか?

チャートを見てごらん。ふつうは白か黒のローソク足が出るだろう。これは始値と終値に差があるときの形なんだ。

白いローソク足なら、始値がついてから買いが多くなって値が上がったということ、黒いローソク足なら始値から売りが多くなって値を下げたということだよね。

——はい。それはわかります。

じゃあ、どうして十字架みたいな同事線が出るかというと、買いと売りの圧力がほぼ拮抗しているから

ローソク足って何？

ローソク足の見方……

ローソク足には始値、終値、安値、高値の4本値が表され、株価が上がったか、下がったかがひと目でわかる

ローソクの色	ローソク本体が白い→陽線	ローソク本体が黒い→陰線
意味	〈終値が始値より高い〉	〈終値が始値より安い〉
形の例	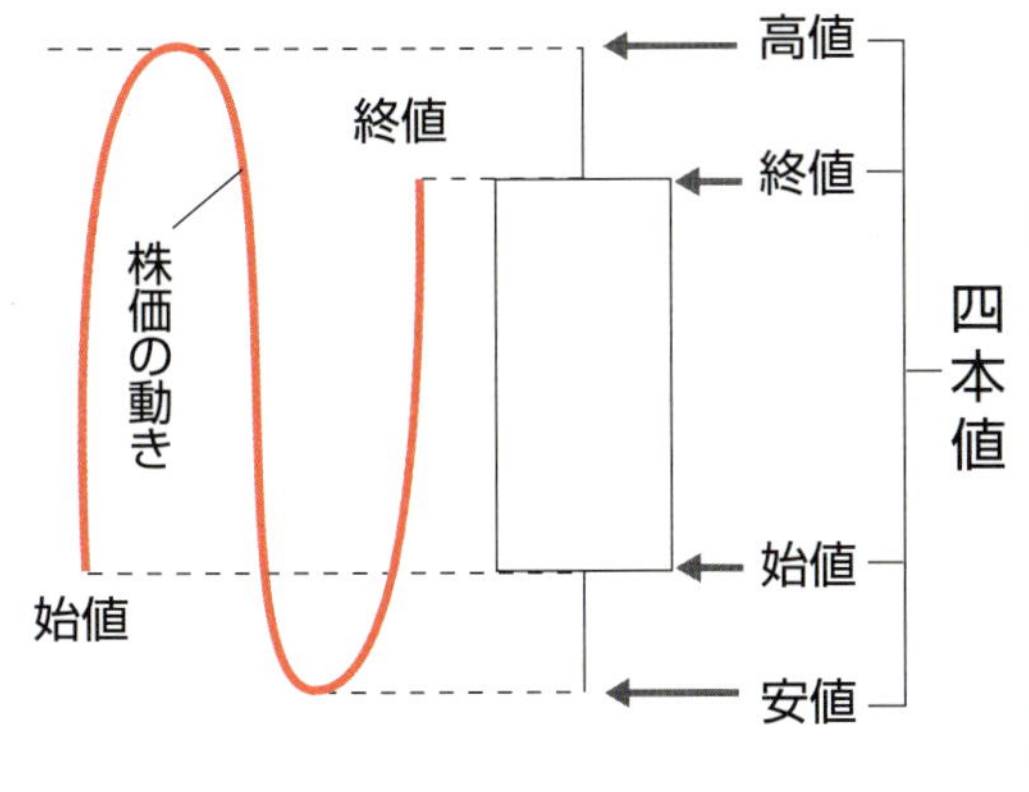	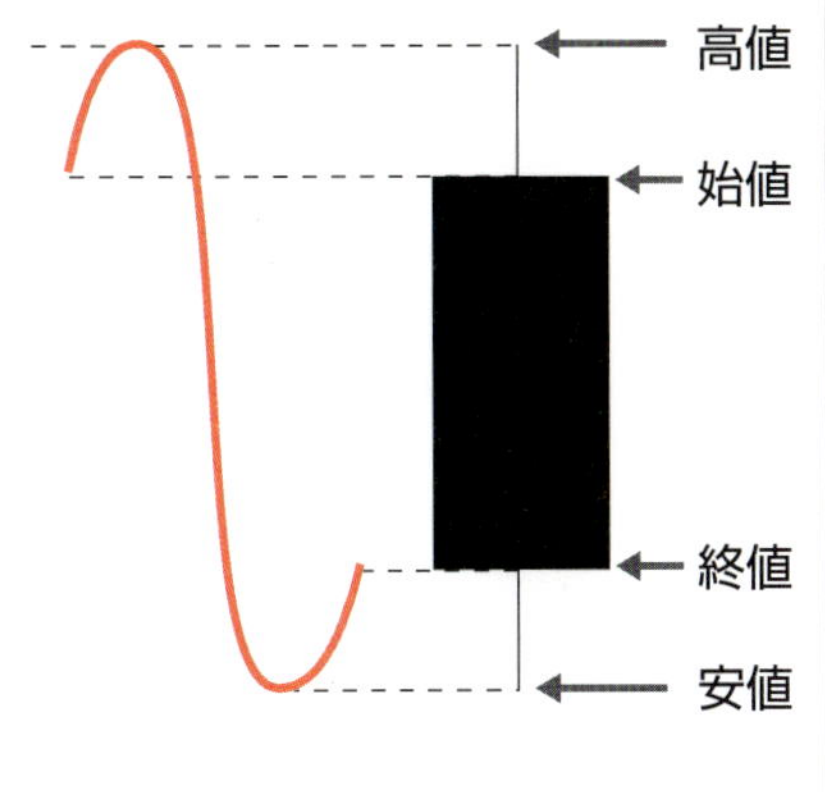

ローソク足の種類

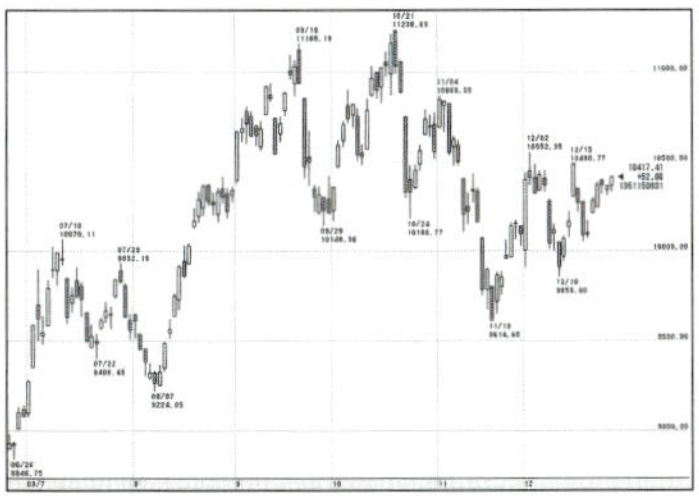

日足 毎日の4本値を日々作成したチャート

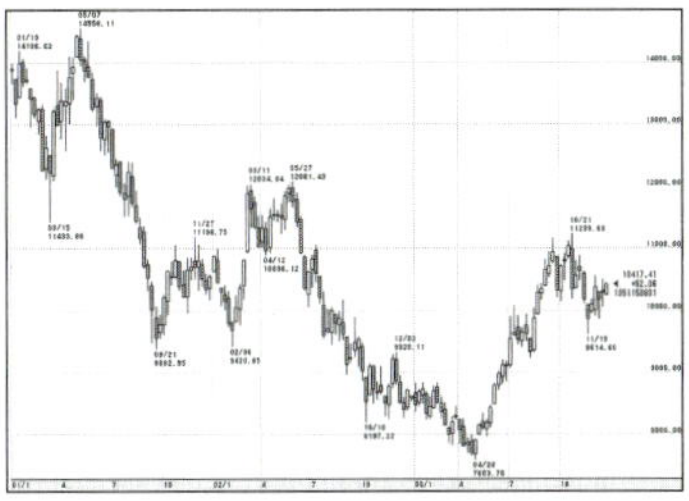

週足 月曜の始値、金曜の終値、その週の高値と安値をひとつのローソク足で表し、週ごとに作成したチャート

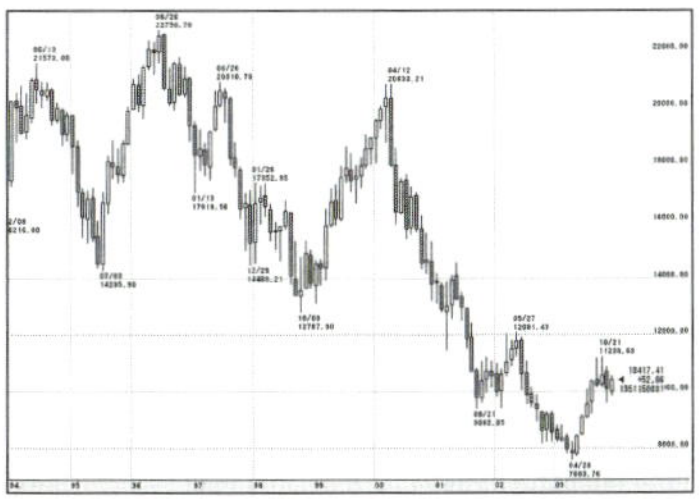

月足 月の1日目の始値、月の最終日の終値、その月の高値と安値をひとつのローソク足で表し、月ごとに作成したチャート

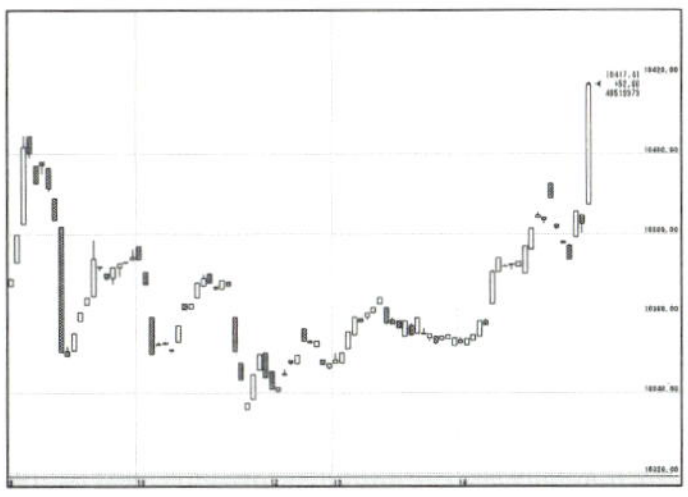

日中足 一日のある一定時間（上では3分ごと）の4本値をローソク足で表したチャート

なんだ。

　買いと売りが綱引きをして、ほぼ同じくらいの力で引っ張り合っているということなんだよ。

——一時的に買いが強くなったり、売りが強くなったりしても、結局同じ価格で終わったということか。

その通りだよ。こういう同事線が出たときは、変化の兆しになりやすいということをよく覚えておいてもらいたいんだ。

——変化の兆しですか？

そう、株価が変化する兆候となるんだ。

　株価が上げてきた局面で、同事線が出たとするよ。それまでは買いの勢力が強くて上げてきたのに、同事線が出るということは、買いと売りの圧力がほぼ拮抗したことになるよね。

　すると今度は売り圧力が強まって、株価は下げに転じることが多いんだよ。

　逆に、いままで下げてきたところに同事線が出ると、今度は買い圧力が強まって上げに転じることが多いんだ。

——へえ、同事線は変化の転換点となるんですね。

だから、株価が下げていたところで同事線が出ると、「あ、そろそろ買いのサインかな」とわかるよね。それで本当に上げてきたら、そのときに買いに入るんだよ。

——なるほど。同事線が出たときは注目して、本当に上げに転じたときに買えばいいのか。

もうひとつの注目ポイントは、トウバとたぐり線なんだ。

　トウバ（塔婆）は、始値と終値がほぼ一緒なのに上にヒゲが伸びているパターンだよ。

　たぐり線は、始値と終値はほぼ一緒なのに、下にヒゲが伸びているパターン。

——これは何を意味しているんですか？

これも変化の兆候なんだ。

　トウバは、買い圧力が強まって高値が上がっていったけれど、結局売りが出て始値付近まで戻してしまったということだよね。これが上昇局面で現れると、天井を打った、つまりこれから下げに転じるサインとなることが多いんだよ。

　逆に、下げ局面でたぐり線が出ると、底を打って上昇に転じることが多いんだね。売り圧力が強まって安値が下がっていったけれど、買いが出て始値付近まで戻してきたんだからね。だから、下げているときにたぐり線が出てくると、買いの準備に入るんだよ。

——同事線にしても、トウバ、たぐり線にしても、始値と終値がほぼ一緒のときは、局面が変化するサインになりやすいんですね。

そう。これを知っていれば、買いと売りのタイミングをつかみやすいだろう？

　ペッタンコのローソク足が出たときには要注意で、下げ局面で出てきたら買いの準備をして、上げ局面で出てきたら売りの準備をすればいいんだよ。

——これは、とってもわかりやすいサインですね。実際に売り買いするときに、すごく役立ちそうです。

チャートを見て確かめてみよう。これは日経平均のチャートだけど、①の場面では、上昇局面から下げに転じるときに同事線が出てきているよね。ここで天井を打って、株価が下がるサインになっているのがわかるね。もしこのとき株を持っていれば、売りを出すべきなんだ。
　②の場面では、下げ局面でたぐり線が出ているから、反転のサインとなり、ここで買っていれば株価は上昇して利益を出すことができるんだ。
——最低限このパターンを知っていれば、売りと買いのタイミングを図ることができるんですね。これは必ず頭のなかに入れておきます。

ローソク足はここに注目!

注目すべき3つのローソク足

これらのローソク足が現れると、今までの相場の方向と逆の方向になる可能性が高い!

同事線

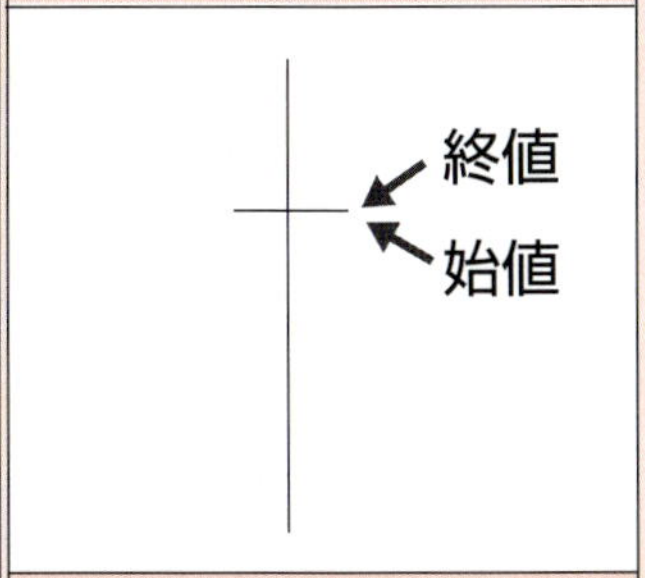

始値と終値が同じ値段のときのローソク足。「売り」と「買い」が拮抗しているときに表れる。

トウバ(塔婆)

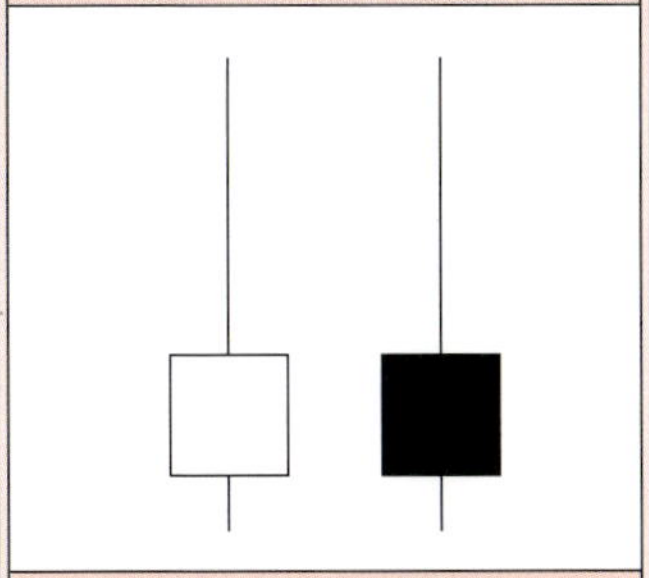

本体部分から高値が大きく出たローソク足。「買い」が多く出て値を上げたが、最終的には下げてきている。上昇局面で出たら注意。

たぐり線

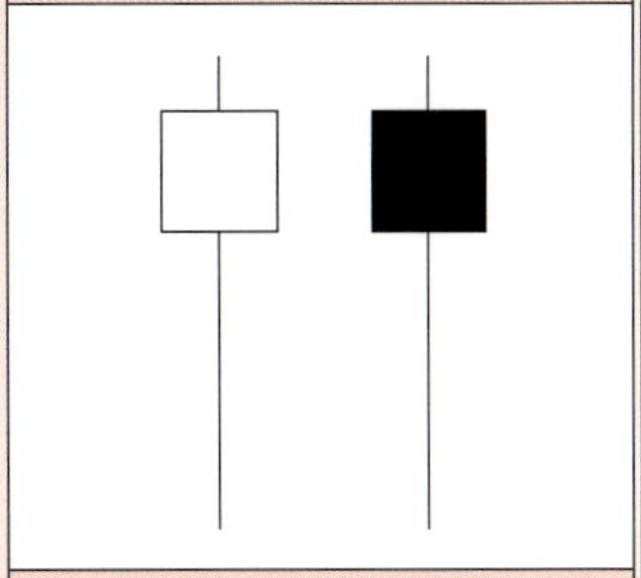

本体部分から安値が大きく出たローソク足。「売り」が多く値を下げたが、最終的には上げてきている。下降局面で出たら注目。"トンカチ"とも言う。

実際のチャートで探してみよう

日経平均

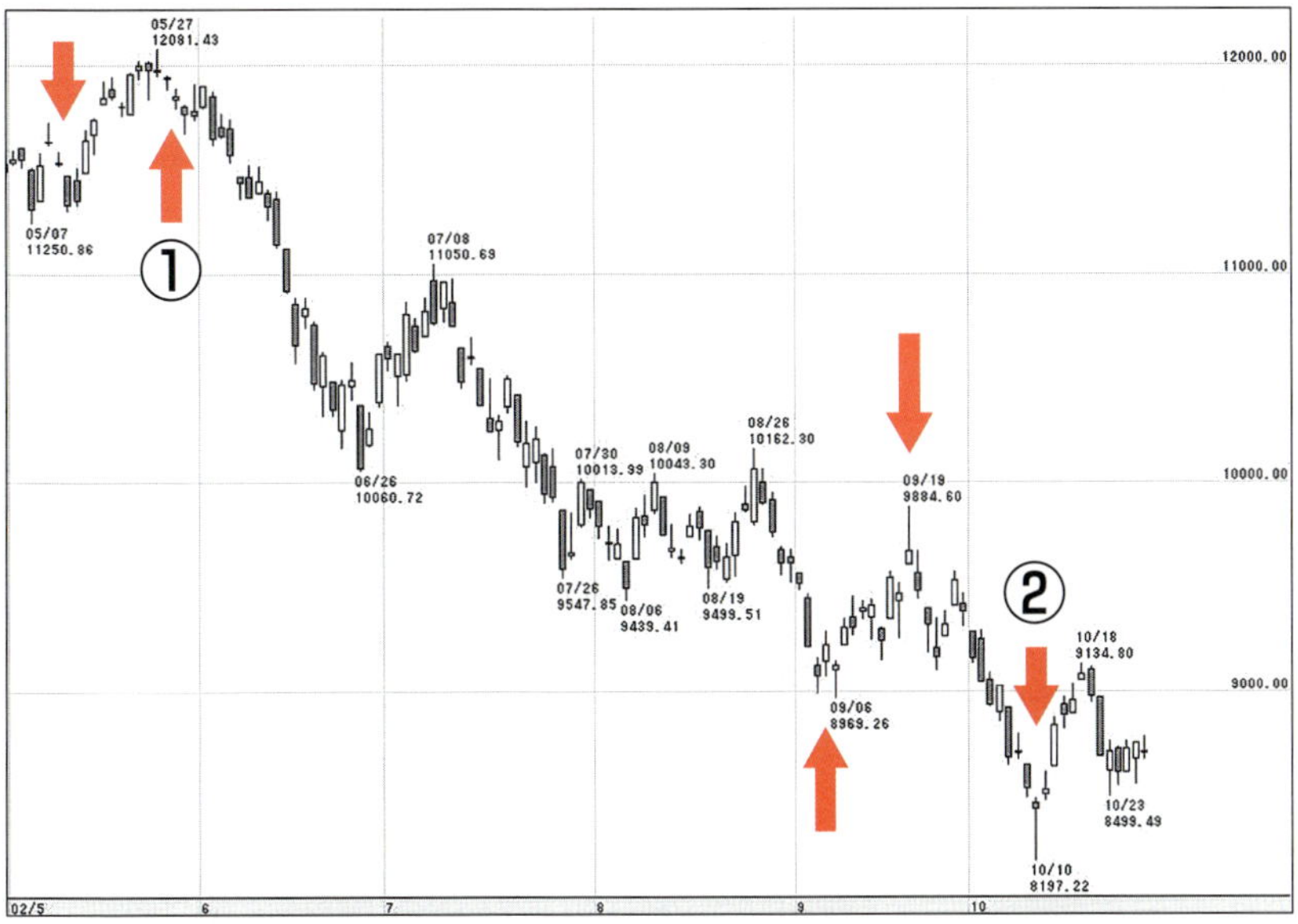

→ 同事線、トウバ、たぐり線は、相場の流れが変わるときに現れている!

株価の上昇・下降のパターン①

株価下降パターンの見方

どうだい、ローソク足の見方はだいたいわかったかな?

—はい、変化の転換点に現れやすいローソク足の形はしっかり頭に入れました。その他の形のローソク足の意味は、やりながら覚えていきます。

じゃあ、今度はチャートの見方を勉強しよう。株価の動きにはある程度パターンがあるんだ。そのパターンを覚えておくと、次は上昇トレンドになるか、下降トレンドになるか予想をつけやすくなるよ。

まずは、株価の下降パターンから説明しよう。パターンはいくつもあるんだけど、初心者はまず二つの代表的なパターンを覚えておくといい。

—とりあえず、二つ覚えておけばいいんですね。

ひとつは「三尊天井」というものなんだ。次ページのチャートを見てほしいんだけど、①から②にかけて株価が上がって天井をつけ、それから③にかけて下がっていくね。そして、また④にかけて上がっていき、天井をつけて⑤まで下がる。再び上昇して⑥まで上げて、下げに転じているのがわかるかい。

—ええ、三つの山みたいなものができていますね。

そう、三つの山が形成されるのを「三尊天井《さんぞんてんじょう》」というんだ。通常は真ん中の山がいちばん高くて、両側の山は少し低くなっていることが多いね。

—これが売りのサインになるんですか。

ひとつめの山が下げた③のポイントと、二つめの山が下げた⑤のポイントはだいたい同じくらいだよね。

この値段は、いわゆる「下値支持線」とか「サポートライン」と呼ばれるもので、株価が反発するかどうかの目安となるラインなんだ。下値支持線については、後で詳しく説明するからね。

そして、三つめの山の下げが、この下値支持線で止まらずにさらに下げたときは、完全な下降トレンドになってしまうことが多いんだ。

—図でいうと⑦のポイントですね。ここで踏みとどまることができないと、さらに下落していくわけか。

そういうことだね。だから、三尊天井が現れたときは要注意なんだよ。

—わかりました。気をつけます。

山が二つの場合もあるんだよ。これを「ダブルトップ」というんだ。チャートを見てごらん。二つ山が形成されているだろう。

—二つのコブみたいな山ができていますね。

これは二回上値《うわね》を突き抜けようとして、二度とも抜けられずに失速してしまう典型的なパターンだね。上値のところには「上値抵抗線」(後述)」というものがあって、これを突き抜ければ、さらに上昇基調に乗るんだけど、抜けられないと勢いが落ちることが多いんだよ。

—二回も失敗していますもんね。

そういうことだね。これも三尊天井のときと同じように、山の谷間の底値である下値支持線を抜けて下がってしまうと、下降トレンドに入ってしまうことが多いんだよ。

—山が形成されるようなときは要注意ですね。ふつうはどこら辺で、売りとなるんですか?

三尊天井でも、ダブルトップでも、底値を突き抜けて下がったときが売りのタイミングと考えていいと思うよ。

—ここで売らないと、あとはズルズルと下がってしまうんですね。

チャートのパターンをマスターしよう1

下降パターン

下降パターン1　三尊天井

株価が天井を打った場合に出る典型的なパターン。三尊とは、真中をお釈迦様、左右を普賢、文殊に見立てた呼び名。海外では「ヘッド・アンド・ショルダー」と呼ぶ

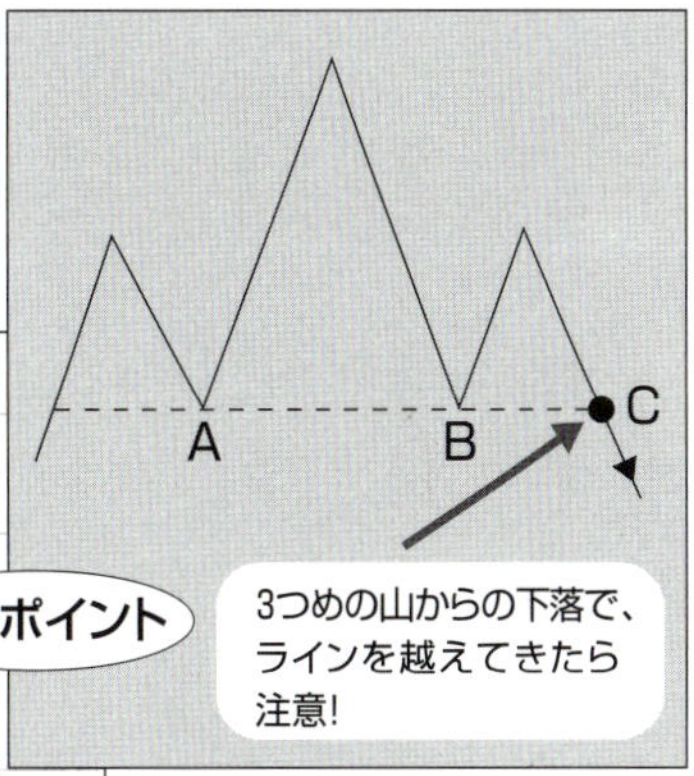

日本水産

三尊天井の場合には、A点、B点の安値を結んだラインを下回るかどうかがポイント。つまり、C点を下回るとそのまま下がることが多い。投資家の心理から、C点を下回ると一気に売り注文が出て急落する場面もよく見られる

下降パターン2　ダブルトップ

三尊天井は3回高値をつけた後に下落するが、2回で天井をつける場合もある。これをダブルトップと呼ぶ

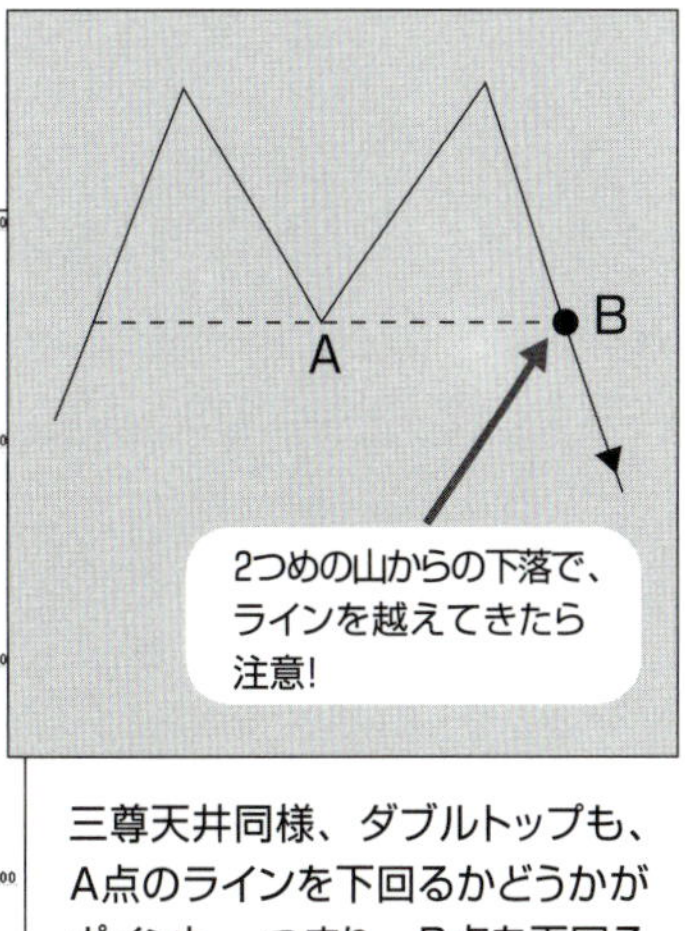

田村電機

三尊天井同様、ダブルトップも、A点のラインを下回るかどうかがポイント。つまり、B点を下回るとそのまま下がることが多い

株価の上昇・下降のパターン②

株価上昇パターンの見方

次は上昇パターンを見ていくよ。

—どうして上昇パターンではなくて、下降パターンから説明されたんですか?

それは、株式投資では買いよりも売りのほうがむずかしく、重要だと考えられているからなんだ。

現物株の売買では、売ってはじめて取引が完結し、利益になるか、損失になるかが確定するわけだから、売りのタイミングはとても重要なんだよ。

—そうなんですか。初心者は、ついつい買うことばかりを気にするけれど、売るほうがもっと大切なんですね。

もちろん、買いのタイミングを見ることも重要なんだけど、売るときは人間どうしても欲が出て、「まだ上がるんじゃないか」「値を戻すんじゃないか」と考えて、売りの機会を逃してしまうことがあるからね。

—たしかに、もしかしたら明日は……という望みにかけてしまいがちですよね。

そうだね。では上昇パターンに話を戻そう。これは、下降パターンを逆さにすればいいんだ。次ページの上のチャートを見てごらん。ちょうど三尊天井を逆さにしたような形になっているだろう。これを「逆三《ぎゃくさん》尊《ぞん》」というんだよ。

—なるほど……三尊天井をひっくり返したような形になっています。

②と④を結んだ線を「上値抵抗線」というんだけど、二度にわたってこのラインまで上昇して越えられずに、三度目に越えてきた。こういうときは、その後、上昇トレンドになることが多いんだ。このチャートでも、急上昇しているだろう。

—本当だ。三尊天井とは反対に、上値抵抗線を突き抜けると、ずっと上まで上昇している。

つまり、この逆三尊が現れると、下降していた株価は底入れして、反転するチャンスとなるんだ。買いのポイントは、上値抵抗線を越えた⑥のところだよ。

—上値抵抗線を越えられるかどうかを注意すればいいんですね。

ダブルトップを逆さまにしたダブルボトムというものもあるんだ。考え方は、逆三尊と同じだよ。

ひとつめの山の上値を二つめの山で越えてきたら、上昇トレンドになる可能性が高い。だから、④のポイントが買いのチャンスになるわけだね。

—チャートでも、逆さの山が二つできてから、上値抵抗線を越えて株価は上昇していますね。④のポイントで買うことができたら、かなり儲かるだろうなあ。

ダブルボトムは、株価トレンドの反転上昇パターンとしては、もっとも現れやすいもののひとつだから、しっかりと覚えておいたほうがいいよ。

—わかりました。覚えておきます。

注意すべき点は、二つあるよ。ひとつはさっきもいったとおり、上値抵抗線を越えてくるかどうか。もうひとつは出来高をともなって上昇しているかどうかということなんだ。

—出来高って何ですか?

出来高とは、株が売買される量のことをいうんだ。だいたいチャートには下に出来高を示した棒グラフや折れ線グラフがつけられているから、株価上昇と同時に出来高が多くなっていることが望ましいね。

—出来高をともなっていないとどうなるんですか?

勢いが弱くて、本格的な上昇が期待できないんだ。少し上がっても、すぐにまた下降してしまうこともあるから、出来高は必ずチェックしておいたほうがいいね。

チャートのパターンをマスターしよう2

上昇パターン

上昇パターン1 逆三尊

株価が底を打った場合に出る典型的なパターン。三尊天井を逆さにした形

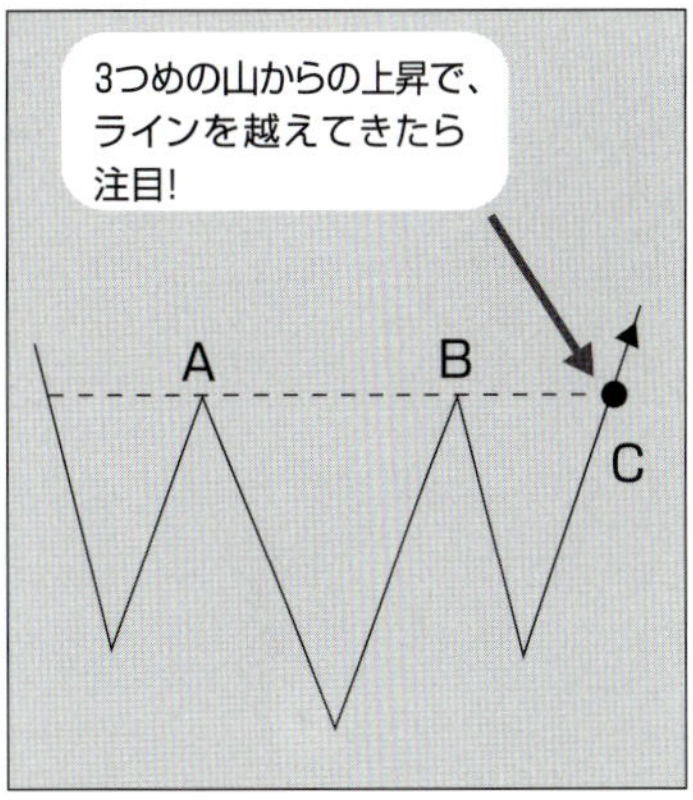

逆三尊の場合には、A点、B点の高値を結んだラインを上回るかどうかがポイント。つまり、C点を上回るとそのまま上がることが多い

三共

上昇パターン2 ダブルボトム

逆三尊は3回底値をつけた後に上昇するが、2回で底を打つ場合もある。これをダブルボトムと言う

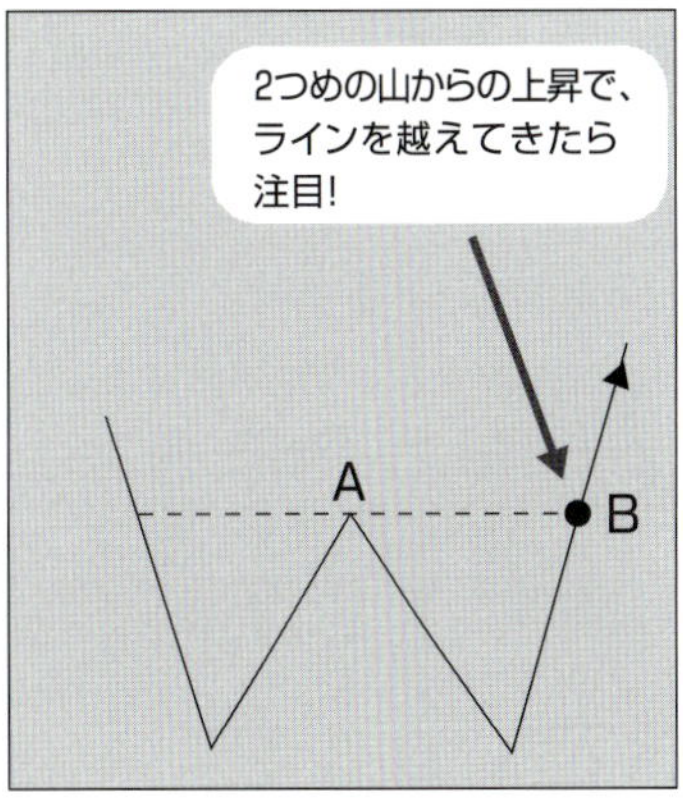

Aのラインを上回るかどうかがポイント。つまり、B点を上回るとそのまま上昇することが多い

ケンウッド

8 二つのラインで株価のトレンドを読む

上値抵抗線、下値支持線の引き方

——上昇トレンド、下降トレンドの読み方についてはわかりましたが、そこで使われた上値抵抗線がよくわかりません。そういうラインは、あらかじめチャートに引かれているものなんですか？

上値抵抗線や下値支持線を表示しているサービスもあるよ。でも、ぼくは自分で引くことをお奨めするよ。どうしてかというと、自分でラインを引くことによって、株価のトレンドを実感できるからなんだ。与えられたデータを見ているだけでは、それに頼ってしまって、自分で考えることをしなくなるからね。

——自分で引くんですか？　ぼくにできるかなあ。

大丈夫。そんなにむずかしいことではないよ。次ページのチャートを見ながら、説明してみるね。

　株価は上昇、下降を繰り返しながら推移していくわけだけど、上昇から下降に転じる上の山のピークを「上値《うわね》」というんだ。チャートでいうと、①や②のポイントだね。逆に、下降から上昇に転じる下の山のピークを「下値」というんだよ。

——上の山のピークが上値で、下の山のピークが下値。これはよくわかります。

抵抗線というのは、いくつかの上値を結んだラインなんだ。上昇から下降へ転換したポイントを結んだ線だから、そこから上へ株価が伸びることに抵抗する見えないバリアのようなものだね。

　このバリアを突き抜けて株価が上昇すれば、一気に上昇トレンドに乗ることが多いし、ラインを抜けることができない場合は、失速してしまうかもしれない。いずれにしても、株価の動向を予測する重要な目安になるよね。

——上値を結ぶということは、いくつも線が描けそうなんですけど。

そうだよ。捉え方、考え方によって、抵抗線はいくつも引けるんだ。でも何回か引いてみれば、ここところを結べばいいんだなとわかるようになるよ。

——練習あるのみですね。

下値支持線は上値抵抗線と反対だよ。下値同士を結ぶんだ。そのラインが反転のポイントとなる。線を引いた値までいかなければ上昇の兆しだし、線を突き抜ければ、さらに下降する可能性が高いと考えられるんだよ。

——抵抗線や支持線があると、株価のトレンドがわかりやすくなるんですね。

そうなんだ。「このラインを超えるかどうか」という視点で見ることができるから、展開を読みやすくなるんだよ。

　それから、いま説明したチャートでは、上値抵抗線と下値支持線がほぼ平行に引かれているよね。

——ええ、平行ですね。

でも、なかには平行には引けなくて斜めになることもあるんだよ。たとえば下のチャートがその例だけど、上値抵抗線が右に下がっていて、下値支持線が右に上がっているよね。観光地で売っている三角ペナントのような形になっているのがわかるかい？

——はい、三角になっています。こんなラインになることもあるのか。

これはエネルギーがぎゅうっと凝縮されている兆候なんだ。噴火寸前の火山のマグマのように、そのうちどこかで爆発する可能性がある。

——急上昇するか、急下降するということですか？

そういうこと。でも、どちらに行くかはわからない。だから、三角ペナントが現れたときは、決して自分の勘で先読みしてはいけないんだ。

下値支持線、上値抵抗線を引いてみよう

上値抵抗線……　株価の上値を結んで引いた線。この線を越えて株価が上昇したら、その株が今までのトレンドとは違った新たな局面をむかえたことを示す

パイオニア

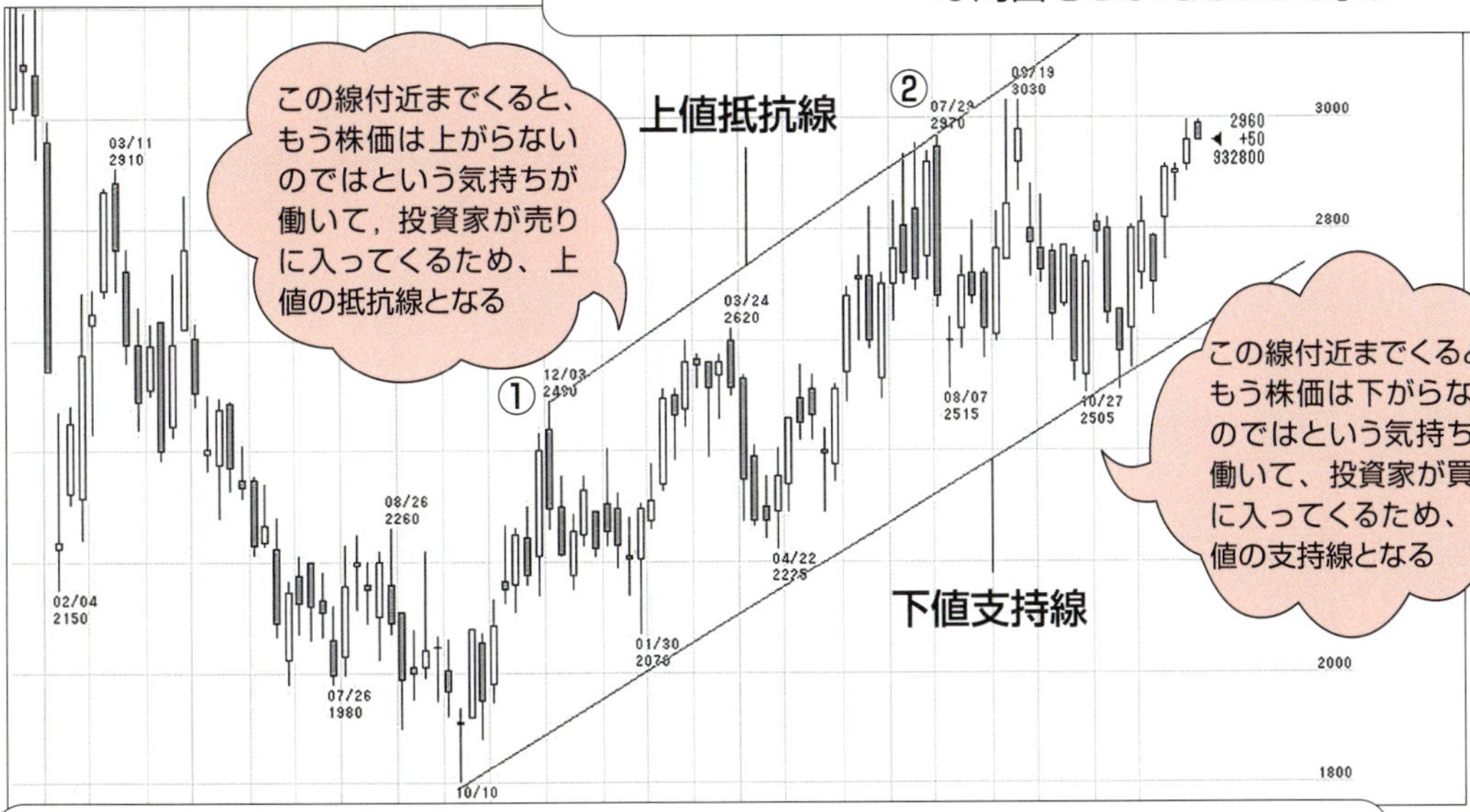

下値支持線……　株価の下値を結んで引いた線。この線を下に抜けて株価が下落したら、株価が新たな下落局面に入ったことを示す

◆三角ペナントに注目しよう！

日産車体

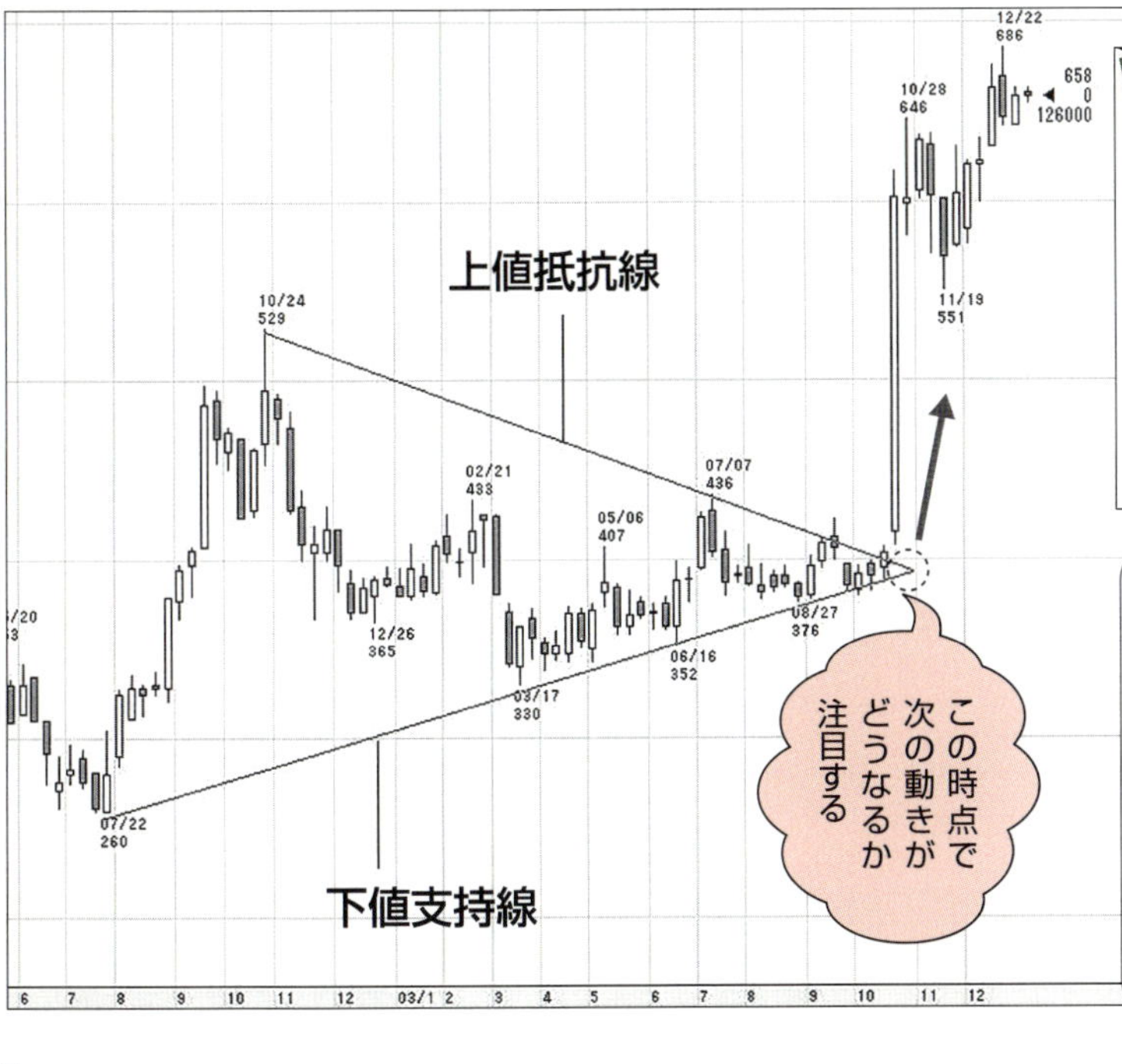

これが三角ペナントだ！

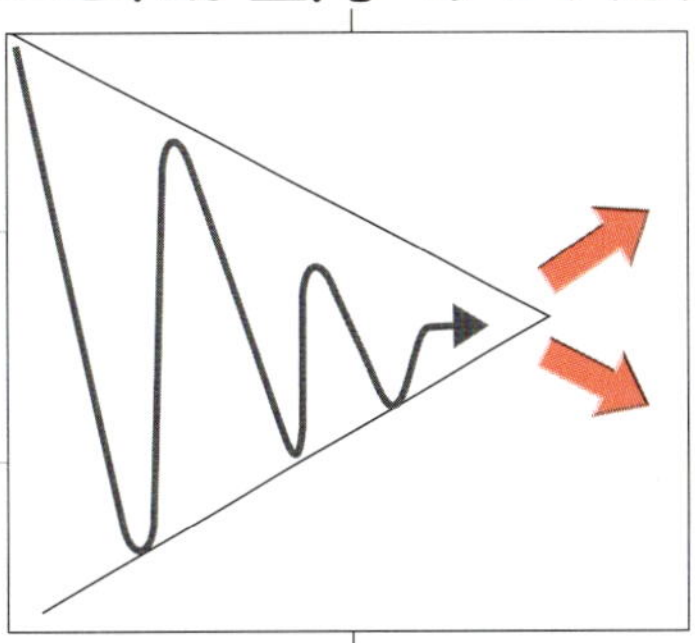

抵抗線と支持線が三角形の形をしているので三角ペナントと呼ぶ。尖っている先には同事線が現れ、いずれ上昇か下落か、どちらかの方向に動くと考えられる（左のチャートは上昇している）。ただし、この時点では、どちらに動くかわからないので、動きはじめてからついていくほうがよい。

移動平均線　これだけは覚えよう

移動平均線の見方

—チャートのローソク足にからむように引かれている二本の線は、何ですか？

ああ、これかい。これは移動平均線というんだよ。

—移動平均線？　これは何を表しているんですか？

移動平均線というのは、ある一定期間の終値の平均値をつなげたものなんだ。

　詳しい説明は次ページに示してあるから、それを読んでみて。移動平均線は、株価のトレンドを表す重要な分析ツールなんだよ。

—どういうことですか？

チャートには二本の線が描かれているね。通常、移動平均線は二本の線を用いるんだ。ひとつは短期移動平均線で、もうひとつは長期移動平均線だね。読んで字のごとく、短期移動平均線は短期的な株価のトレンドを示していて、長期移動平均線は長期的な株価のトレンドを示しているんだ。

—へえ、短期と長期のトレンドを表しているんですか。これをどう読めばいいのかな？

移動平均線が右肩上がりで推移しているときは？

—株価は上昇トレンド。

そう。じゃあ、右肩下がりで来ているときは？

—下降トレンドということになりますね。

そういうことだね。それが基本だよ。それから、こういう使い方もできるんだ。

　株価は上昇局面にあっても、毎日値を上げているわけではないよね。チャートを見てもわかるように、ときには値を下げる日もあって、ジグザグな軌跡を描いていくのが普通だろう。一日のうちでも、株価は上下に細かく振れている。

—そうですね。絶えず小刻みに動きながら上がっていきます。

たとえば、いま持っている銘柄のローソク足だけを見ていると、黒いローソク足が出てきたときには「あれ、このまま下がってしまうのではないか」と思って心配になったりするよね。

—ええ、もう売っちゃおうかと考えたりすると思います。

でも、株価のトレンドを示す移動平均線がまだ右肩上がりなら、「まだトレンドは上がっているんだから大丈夫」と辛抱することができるよね。

　つまり、移動平均線によって株価のトレンドを見ることで、日々の株価のブレに一喜一憂するのを防いでくれるんだよ。

—そういうことですか。トレンドを知ることによって、投資家の不安を取り除くことになるのか。でも、チャートを見ると、ローソク足から遠く離れているものもありますね。

短期移動平均線は短期間の株価を平均したものをつないだ線だから、比較的ローソク足に沿って描かれることが多いんだ。

　それに対して長期移動平均線は、長期間の株価を平均したものをつなげているから、実際の株価に比べて遅れて描かれる。

　長期になればなるほど、なだらかになってくる。そのため、実際の株価から遠く離れてしまうことがあるんだよ。

—そういうことか。

それから移動平均線には、銘柄によって相性があることを知っておいたほうがいいよ。

　期間が違うと現れる線はまったく違うものになるから、いろいろ試してみて、なるべく株価の動きとマッチするものを探すのがコツだよ。

移動平均線でトレンドを読む

日経平均

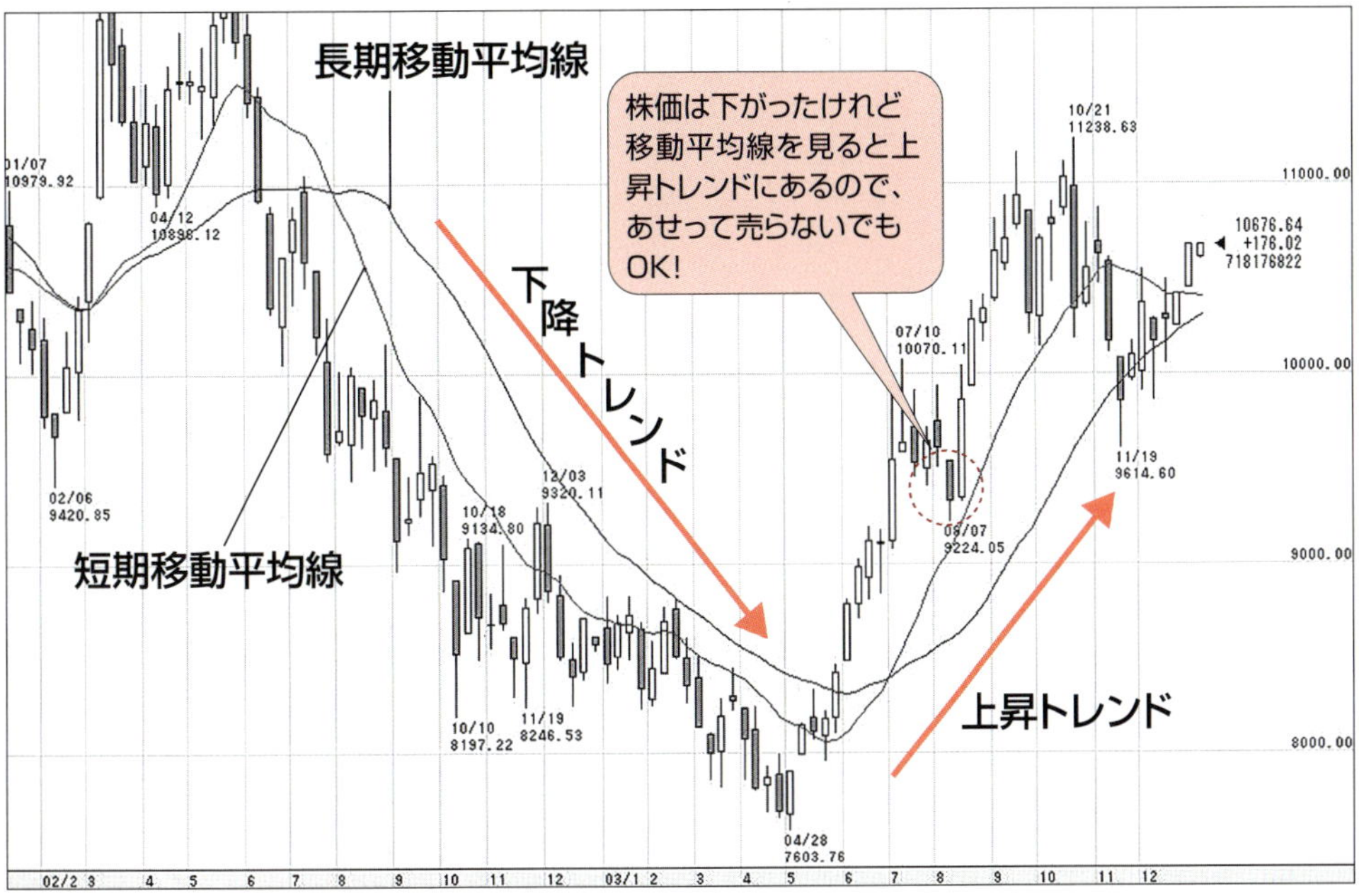

移動平均線Q&A

Q1 移動平均線って何?

A1 ある一定の期間の終値を足して、その期間で割った株価をつないだもの。

例 5日移動平均＝

$$\frac{1日終値+2日終値+3日終値+4日終値+5日終値}{5}$$

期間の短いものほどローソク足の動きと近くなるためジグザグがあり、期間の長いものほどゆるやかになる

Q2 短期と長期の移動平均線って何?

A2 移動平均の期間は、最近では5、10、20日といった数で平均をとることが多い。ただし、昔ながらの6、13、26日という数を使うこともある。いずれにせよ、短期は短いスパンで株の動きを見る、長期は長いスパンで株の動きを見るときに便利。長期と短期の2本を組み合わせて見ると、株の売り買いのポイントがわかる

Q3 移動平均線で何がわかるの?

A3 株価のトレンドがわかる。基本的に線が上向いているときは「上昇トレンド」、下向きのときは「下降トレンド」と覚えておけばOK

Part3 10

移動平均線で売買のポイントを探すには？

ゴールデンクロス、デッドクロスの使い方

さて、じゃあ次は、移動平均線を使った買い時、売り時の見極め方を説明しようか。

——移動平均線を使っても、買い時、売り時がわかるんですか？

これはテクニカル分析のもっとも有名な手法のひとつだから、よく覚えておいてね。

——しっかりと覚えておきます。

まずは上昇シグナルから見ていこう。チャートの②のポイントを見てごらん。短期移動平均線が、長期移動平均線を下から上に突き上げているだろう。これを「ゴールデンクロス」といって、強力な上昇シグナルとされているんだ。

——本当だ。株価は上昇していますね。でも、よく見ると、移動平均線がクロスする前に、ローソク足は上昇に転じていますよ。

そうだね。移動平均線はどうしても現在の株価の後を追う形で描かれていくから、クロスしたときにはもうすでにいくらか上がっているということが多いんだよ。

　でも、多少上がっていったときに買っても、十分利益を出すことは可能だよ。

　大底ぴったりで買って、天井ぴったりで売るなんてことは、プロでさえ至難の業なんだから、そう欲張らず、取れる利益を確実に取っていったほうがいいね。

——たしかに、その通りですね。欲をかくと、ろくなことはありません。

望ましいゴールデンクロスは、長期移動平均線が上昇傾向、もしくは横ばいのときに、下から上へ短期移動平均線が突き抜ける形がいいね。

——ゴールデンクロスは買いシグナルということですけど、売りシグナルとなる移動平均線の形もあるんですか？

ゴールデンクロスとは逆に、長期移動平均線を上から下に短期移動平均線が突き抜けることを「デッドクロス」と呼んで、代表的な売りシグナルとされているんだ。

——チャートでいうと①のポイントですね。クロスした近辺から大きく下げに入っていますね。このデッドクロスが出た場合は、売りを考えるわけですね。うん、これはわかりやすいなあ。

でも、ゴールデンクロスとデッドクロスは、広く知れ渡っているだけに「だまし」もあるから気をつけなければいけないんだ。

——「だまし」？　それって、いったいどういうことですか？

ゴールデンクロスの形になったけれど株価が下がってしまうとか、デッドクロスなのに株価が上がってしまうという現象だよ。

——どうして、そういう現象が起こるんですか？

ゴールデンクロスの場合で説明しよう。

短期移動平均線が長期移動平均線に接近してくると、みんな「そろそろゴールデンクロスになりそうだ」と考えるよね。この段階で買いに入る人がけっこういるんだ。

　買いが入るから株価は急上昇する。すると、短期移動平均線が長期移動平均線をクロスしてゴールデンクロスになる。そうなると、一般の投資家たちがワッと買いに走るわけだけど、前から買っていた人たちがそこで売り抜けようとするから、売りも多く出て買い優勢にならない。そのために、株価は思ったより上がらなくて失望感が広がり、下落してしまうことがあるんだよ。

——こういうだましはよくあるんですか？

けっこうあるね。だからゴールデンクロス、デッドクロスは万能じゃないんだ。その点は、肝に銘じておいたほうがいいね。

ゴールデンクロス&デッドクロスを見つける

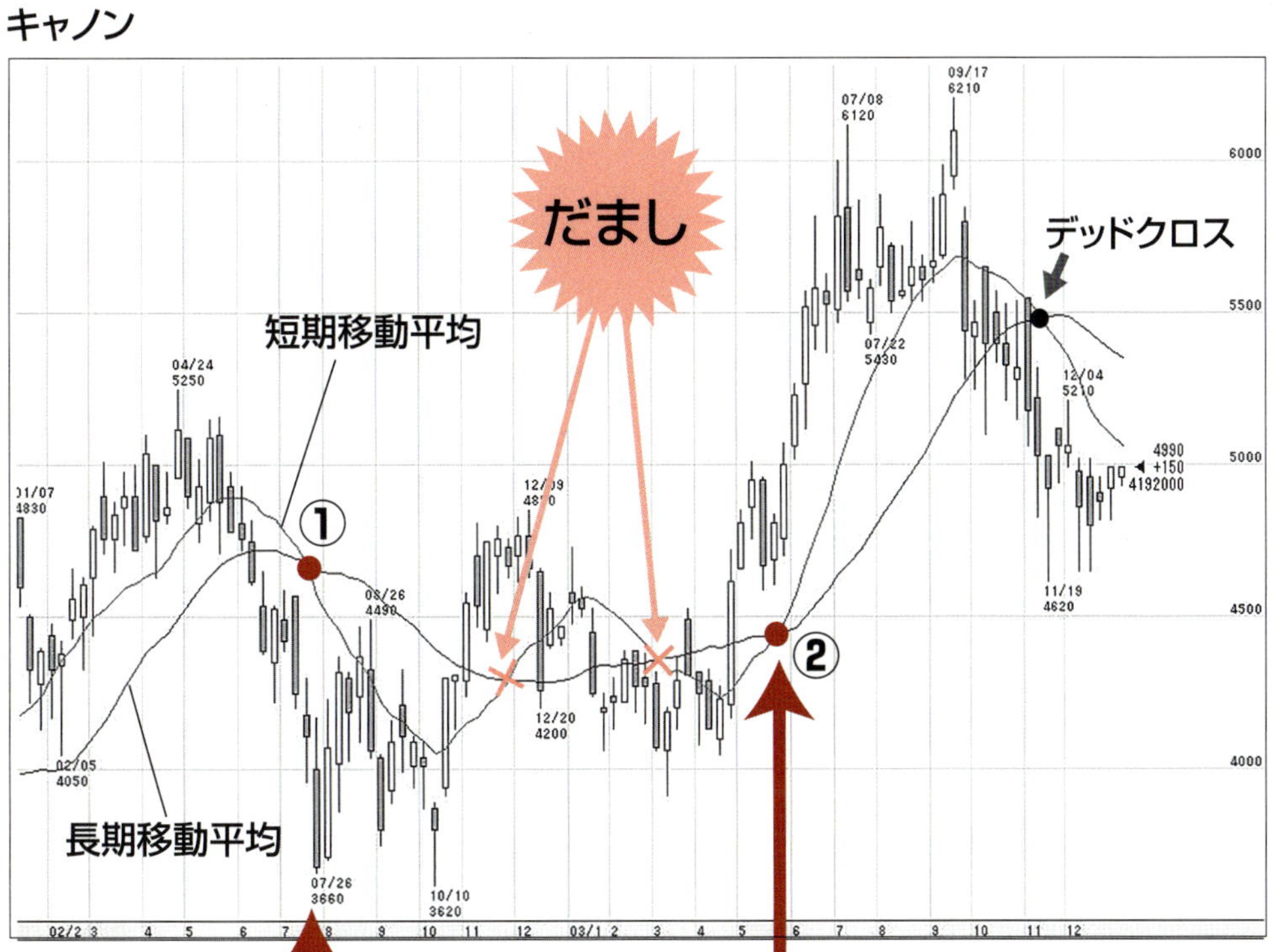

「売り」のシグナル
デッドクロス

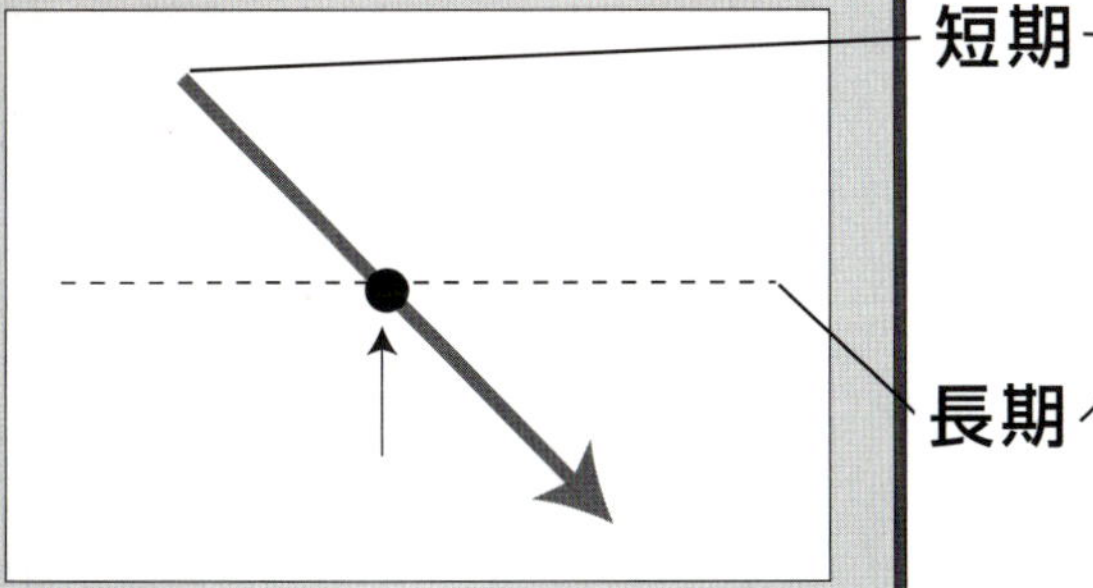

短期の移動平均線が長期の移動平均線を上から下へ突きぬけるタイミング

「買い」のシグナル
ゴールデンクロス

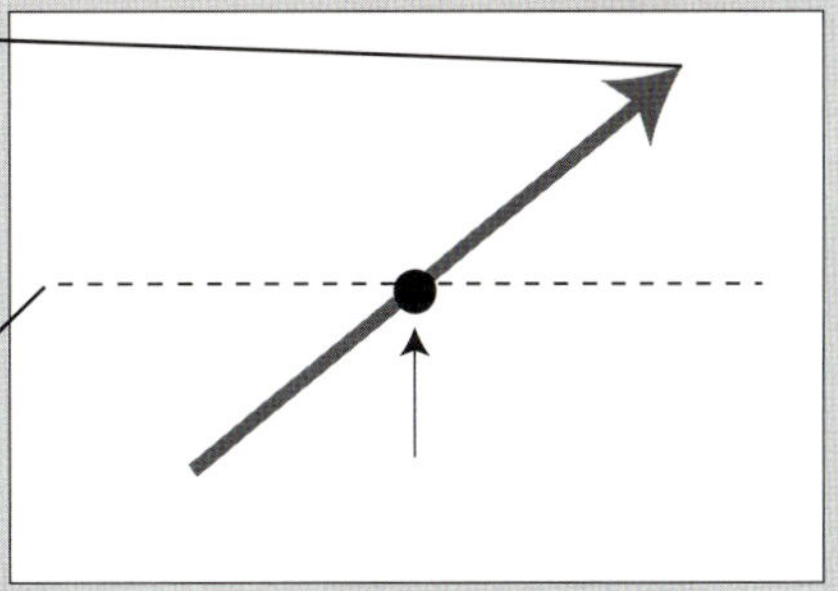

短期の移動平均線が長期の移動平均線を下から上へ突きぬけるタイミング

Part 3 11

買い時がわかるＩＰゾーンって？

ＩＰゾーンの使い方

――ゴールデンクロス、デッドクロスに「だまし」があると、シグナルとしてはあまり信用できないですよね。

多くの人が知っている手法だから、先駆ける人が多いんだよ。

――もう少し確実に売り買いのタイミングを見つけられるテクニカル分析はないんですか？

しょうがないなあ。じゃあ、とっておきのを教えてあげるよ。

――本当ですか！　そんなものがあるなら、早くいってくださいよ。

じゃあ、説明するよ。移動平均線をもとにして見た場合、株価の位置は次ページの四つのパターンに分類できるんだ。この四つのパターンのなかでは、どのパターンで株を買いたい？

――そりゃあ、株価の底値で買いたいですよ。

そうだね、ぼくもできることなら底で買いたいよ。

底値がどのパターンになっているかというと、長期移動平均線、短期移動平均線の下側に株価が位置しているときだね。

――じゃあ、長短移動平均線の下に株価があるときには、買いのチャンスなんですか！

いやいや、気が早いよ。チャートを見てごらん。①のポイントも長短移動平均線の下に株価があるけど、株価は下がっていっているだろう。

株価が長短移動平均線の下になったからといって大底をつけるとは限らないんだ。やみくもに買うと、損をしてしまうよ。

――そうですねえ。たしかに、そこで買うと大きな損失になってしまうなあ。じゃあ、どのポイントで買ったらいいんですか？

ぼくがお奨めしているのは、株価が長期移動平均線よりも下にあって、短期移動平均線よりも上にある②の位置にあるときなんだ。

――二つの移動平均線に挟まれたところですか。

ぼくはここを「ＩＰ（インベストメント・ポイント）ゾーン」と名づけて、このＩＰゾーンに株価が入ってきたら、投資を考えてみませんかといっているんだよ。

――ＩＰゾーンですか。たしかに、ここでは上昇トレンドになっていますね。

このＩＰゾーンは、株価が出直ったときに必ず通るところなんだ。

株価が底を打って反転すると、移動平均線は株価より遅れて反転するから、株価はまず短期移動平均線を超えて、長期移動平均線との間を通ることになるんだ。

その後で短期移動平均線が反転して上昇をはじめる。

そのとき、この銘柄を買うことを検討すればいいんだよ。

――これならゴールデンクロスになる前に買う判断をつけることができますね。

できれば、株価がＩＰゾーンに入ったとき、長期移動平均線が下降線からゆっくり横ばいになったときに買いを入れるほうが安心だね。

長期移動平均線がまだ下降しているときは、トレンドがまだ下に行っているということだから、株価に突き抜ける勢いがあるかどうかはっきりしないからね。

安全を考えるなら、長期移動平均線が横ばいになったときだね。

――そうですか。株価が短期移動平均線を超えてＩＰゾーンに入ったら買いの検討と準備をはじめ、長期移動平均線が下げから横ばいになったら、買いを入れればいいわけか。

そうだね。ＩＰゾーンは、まだあまり一般的には知られていないから、かなり有効な方法じゃないかと思うよ。

買いの強い味方! IPゾーンを見つけよう!

三菱電機

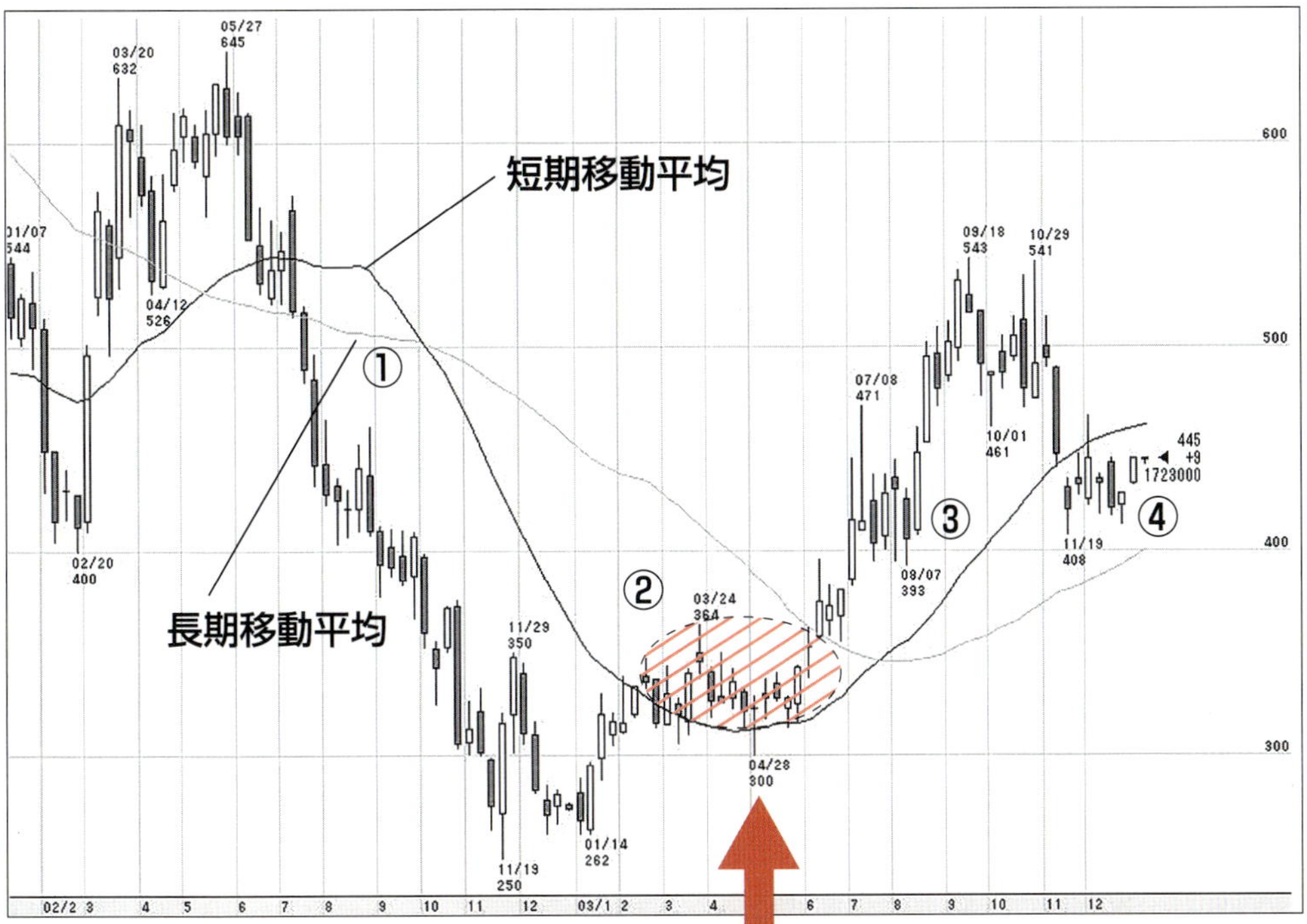

ここが
IP（インベストメント・ポイント）ゾーンだ!

株価の位置4パターン

① 株価が２本の移動平均線の下にある

② 株価が短期の移動平均線より上、長期の移動平均線より下にある

③ 株価が２本の移動平均線の上にある

④ 株価が短期の移動平均線より下、長期の移動平均線より上にある

Part3 12

注目すべきその他のテクニカル分析

RSI、MACDの使い方

テクニカル分析はいろいろな手法があって、まだまだたくさんあるんだ。これまで紹介したのは、初歩的なものだけど、実際の株式投資で十分に役立つはずだよ。

――まだまだたくさんあるんですか。他にはどんなのがあるんですか？

あまりたくさん詰め込むとかえって混乱するから、あと二つだけ説明することにするよ。ひとつは「RSI」というテクニカル分析だね。

――RSI？ 聞き慣れない名前ですけど、どういうものなんですか？

簡単にいえば、株の売られ過ぎ・買われ過ぎを分析するんだよ。計算式はむずかしいから、意味さえわかっていればいいと思うよ。

――RSIはどこで見ることができるんですか？

だいたい、株価チャートならどこでも見ることができるよ。たとえばヤフーファイナンスで銘柄のチャートを表示すると、下のほうにRSIというのがあるから、それをクリックするとRSIのグラフが表示されるよ。

――どうやって見ればいいのかな？

一般的には七〇％を超えたら買われ過ぎ、三〇％を下回ったら売られ過ぎと判断されることが多いんだ。

　だから、持っている銘柄のRSIが七〇％を超えたら売る準備をしておくんだ。七〇％を上回るような動きになってきたら売りシグナル、逆に三〇％を切るようだったら買いシグナルといわれているんだよ。

　移動平均線のところでも話したけれど、このRSIも取る日数によって、まったく違った形になるから、いくつか試してみて、株価動向とマッチしたものを探したほうがいいね。

――わかりました。

それから、もうひとつのテクニカル分析は「MACD（マックディ）」というものだよ。これも売られ過ぎ・買われ過ぎを示したものなんだけど、けっこう精度が高いので、お奨めのテクニカル分析だよ。

――MACDというのは、どこで見ることができますか？

株価チャートを提供しているところなら、だいたい見ることができると思うよ。ヤフーファイナンスでも、NIKKEI NETのスーパーチャートでも見ることができる。

――なんだか移動平均線みたいですね。

いいところに目を付けたね。そうなんだ。見方は移動平均線と同じなんだよ。

　MACDはシグナルとMACDという二つのラインからなっていて、MACDがシグナルを下から上に突き上げたときが買いサイン、MACDがシグナルを上から下に突き抜けたときが売りサインということになるんだ。

――本当に移動平均線のゴールデンクロス、デッドクロスと同じですね。

上のチャートと比べてごらん。①のポイントでMACDがシグナルを下から突き上げたとき、株価は上昇しているだろう。

　そして②のポイントで、上から突き抜けると株価は下降していることがわかるかい。

　これを知っていると、けっこう参考になるよ。

――MACDの場合は、計算する日数などは関係ないんですか？

移動平均線やRSIほどは関係ないけど、それでも多少は相性があるんだ。

　でも日数を動かせないところもあるから、できれば日数を変えて計算できるチャートでいくつか試してみれればベストだね。

RSI、MACDを使ってみよう！

RSI（Relative Strength Index）

その株が買われ過ぎなのか、売られ過ぎなのかに着目したチャート。売買の目安としては、RSIの数値が70％以上になると買われ過ぎゾーン、30％以下になると売られ過ぎゾーンとされている

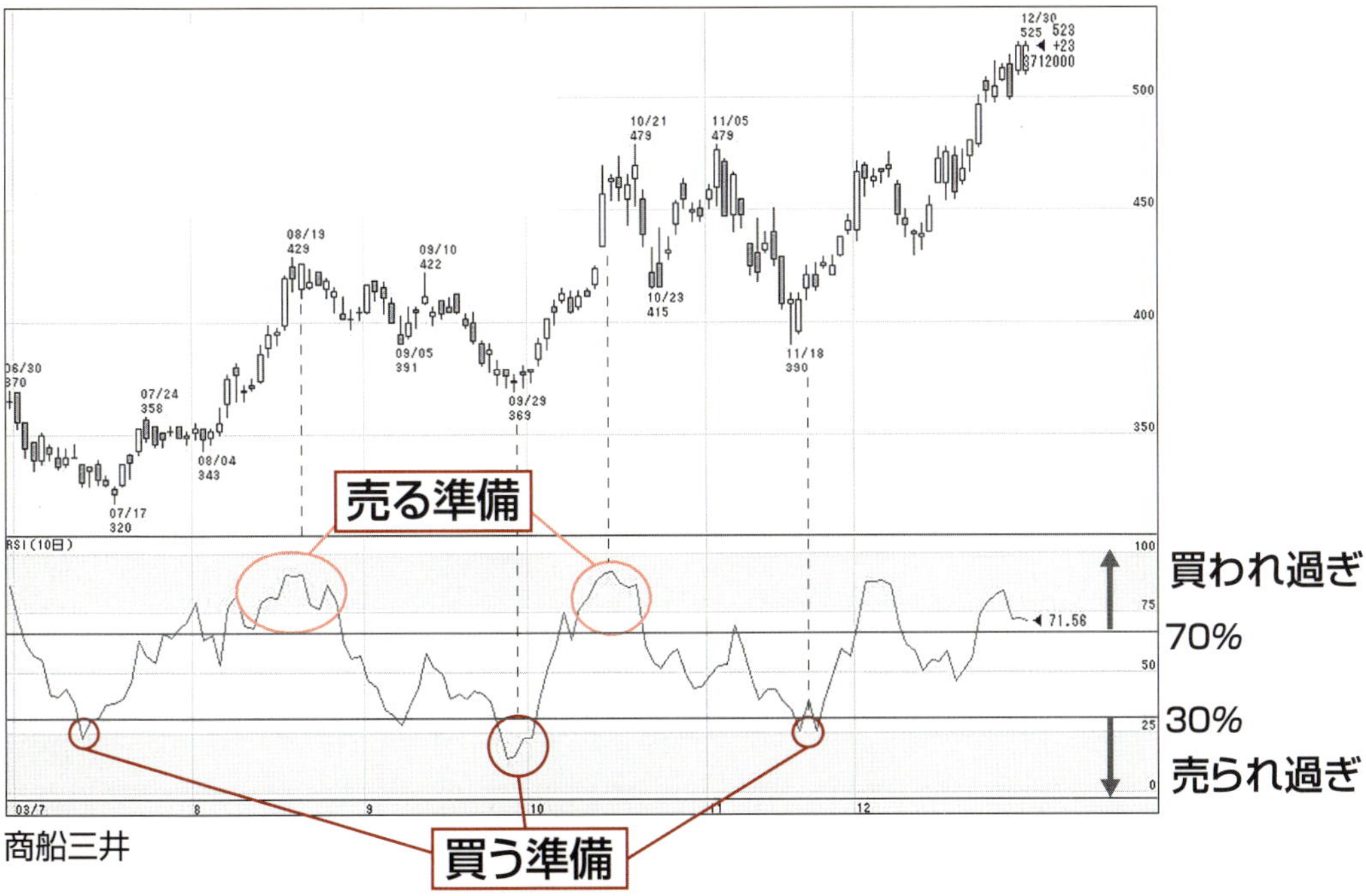

MACD（Moving Average Conbergence／DivergenceTrading Method）

読み方は「マックディ」。売買のタイミングを見るツールとしてはトップクラスの精度を持つチャート。MACDとシグナルという2本の線を使う。この2本のゴールデンクロスとデッドクロスに注目する

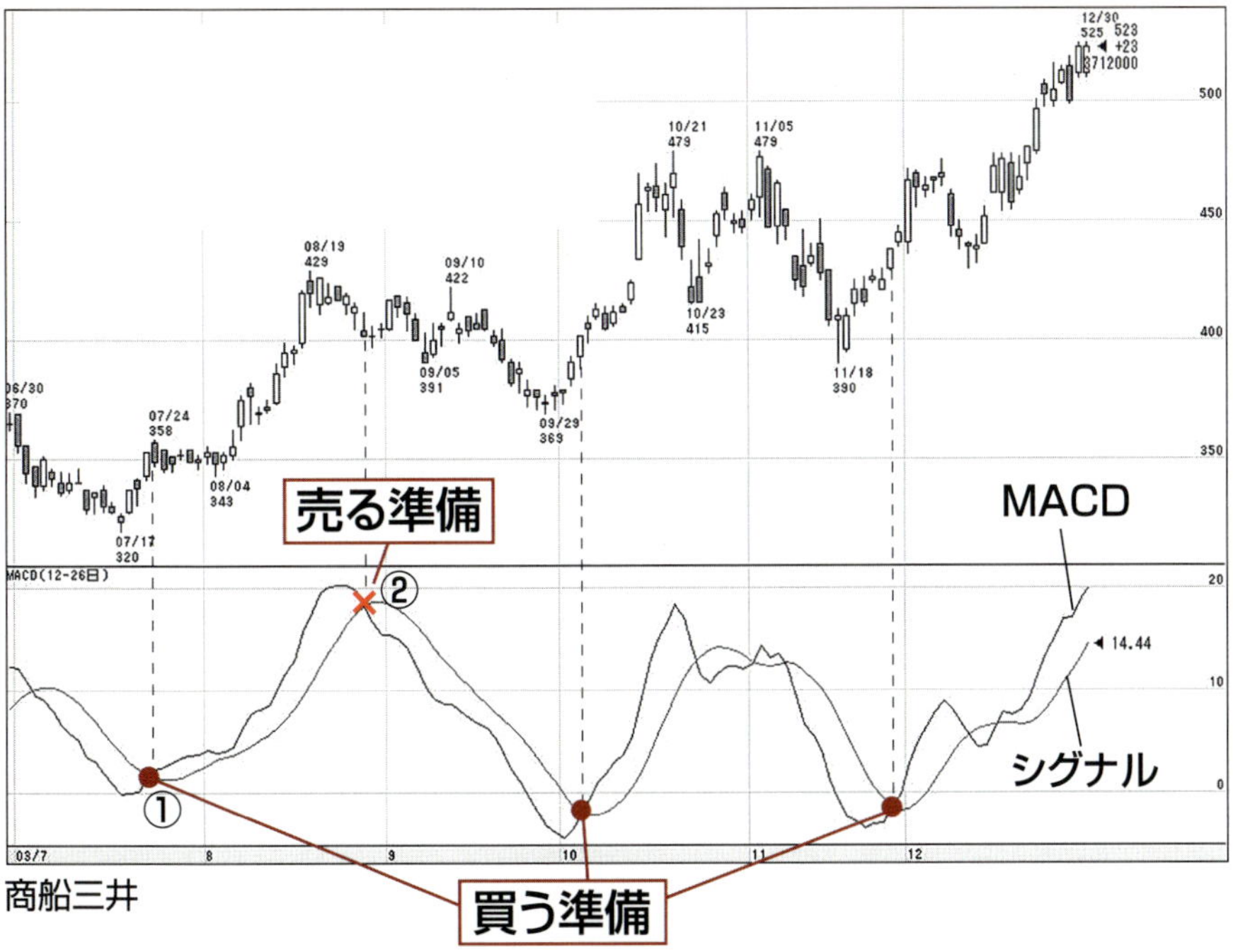

Part3 13

買い値よりどこまで下げたら売るべきか?

損切りのやり方

—先生、テクニカル分析についてはだいぶわかってきましたけれど、もしだましなどにやられて、買った銘柄が値を下げて、買ったときよりも安くなってしまったらどうすればいいんですか?

これ以上持っていても、さらに損失をふくらませるだけだと判断したら、損を覚悟で売ってしまうんだ。それを「損切り」というんだよ。

　損切りには人によってさまざまな考え方があるんだ。いくつかやり方を紹介するから、自分にもっとも合ったやり方を早く見つけよう。

—先ほども先生がおっしゃっていたように、売るのがむずかしいんですね、株式投資って。

買った株が買値より値下がりしたときに、証券会社の営業マンが「ナンピン（難平）しましょうか」といってくることがあるんだ。

—ナンピン?　むずかしい名前ですね。

うん。これは要するに、九〇〇円で一〇〇株買った株が、八五〇円に値下がりしたとすると、八五〇円でもう一〇〇株買おうというものなんだよ。

—どうして損しているのに、また買うんですか?

九〇〇円で一〇〇株、八五〇円で一〇〇株なら平均購入金額は八七五円になるよね。九〇〇円で買ったままだと、株価が九〇〇円まで戻さないとトントンにはならないけれど、ナンピンして八七五円にすれば、あと二五円戻せばトントンになる。

—ああ、そうか。頭のいいやり方ですね。

いや、ぼくはナンピンには反対だね。

—え?　どうしてですか。

ナンピンはすごくむずかしいんだ。ナンピンには二つの相場感が求められる。ひとつは今が底値かどうか。二つめは、どこまで戻るのかということ。この二つを読まなきゃいけないんだ。八七五円まで戻せばいいけれど、逆にさらに下げてしまうかもしれない。そうなったら、傷を大きくするだけだよ。

—たしかに、そういうこともありますね。

だいたい買った株が下げて損失を出したということは、一度読み違えたということだよ。読み違えたのに買い増しするのは、初心者にとってはとても危険なことだと思うね。

—いわれてみれば、そのとおりですね。証券会社の人に「ナンピンしよう」といわれても断ります。

損切りでよく使われるのは、買った値段から「五%下げたら無条件に売ろう」「一〇%下げたら売ろう」と損切りの目標条件をあらかじめ決めておくことなんだ。

—買うときに、悪いほうに転んだときのことも頭に入れておくのか。

それが、大きな損失をしないコツだよ。「すぐに上がるかもしれない」と欲をかくと、大きな落とし穴にはまりこんでしまうかもしれない。バブル崩壊がまさしくこれだよ。

—損切りは重要なんですね。

他には、あらかじめサポートラインを引いてみて、そこを抜けるようだったら損切りをするという方法もあるよ。

　前にサポートラインの引き方を話したけど、そのときに何本かラインを引いてみて、「ここまで下げたら売ろう」と決めておくんだ。サポートラインを突き抜ける前に反転して上昇すれば、元に戻す可能性があるから、もう少し辛抱することもできるだろう。これが、いちばん現実的な方法かな。

—どういうふうに損切りするにしても、買うときにはあらかじめどこで売るのか、どこで損切りするのか決めておくことが大事だということですね。

損切りの条件は初めから決めておこう!

◆方法その1

買った値段から
「○%下げたら売る!」
と決めておく

900円で購入

→ 5%下げたら売る!
↓
855円より下げたら売ろう!

→ 10%下げたら売る!
↓
810円より下げたら売ろう!

◆方法その2

サポートラインを引き、
「それ以下になったら売る!」
と決めておく

三菱東京フィナンシャルグループ

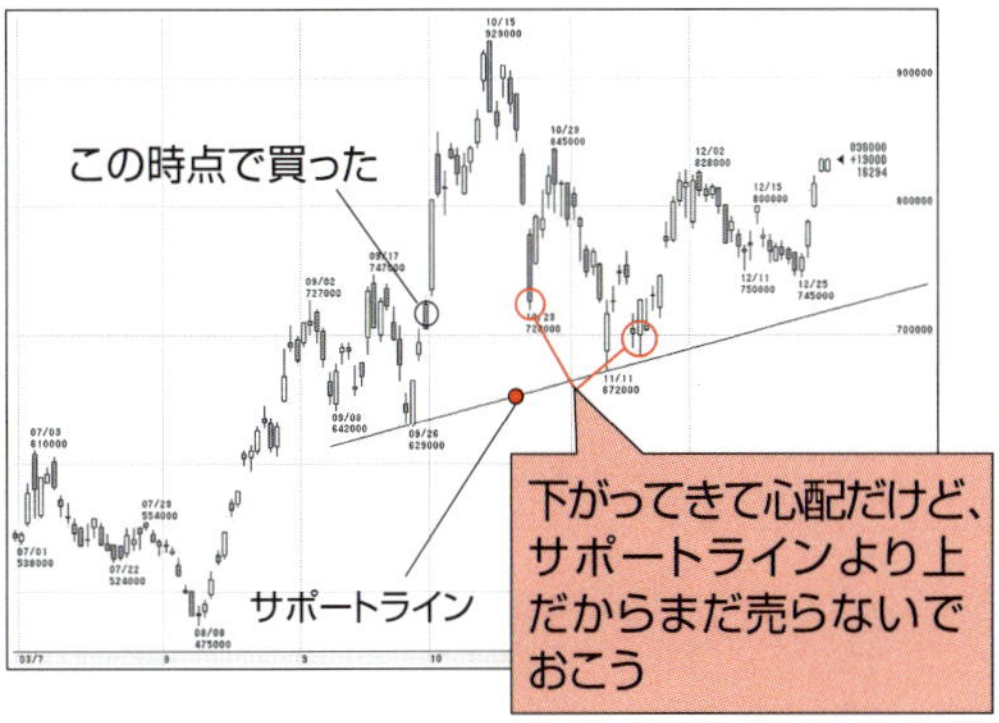
この時点で買った
サポートライン
下がってきて心配だけど、サポートラインより上だからまだ売らないでおこう

もしナンピンをすすめられたら……

900円×100株
買う
↓
一カ月後
↓
850円に下がってしまった!

＋ ナンピンしましょう!

850円
×
100株
買い足す

＝ 平均購入額は875円になる

↑
これがナンピン

今は850円だけど、
875円まで戻せば、
損益トントンになる!!
STOP!
もし、850円より下がっていったらどうする!? 一度読み違えた株を買い足すのは賛成できません……

Part3 14

実際の売り買いをシミュレーションしてみると

実践例で売買のおさらい

どう？　ファンダメンタル分析とテクニカル分析を使った買い時・売り時の見つけ方はだいたいわかったかな？

――ええ、だいたいわかりましたけど、実際に買うとき、売るときにこれらの分析を使って、どんな手順で検討し判断していけばいいのか、いまいちはっきりしなくて……。

じゃあ、参考にシミュレーションをしてみようか。検討・判断の流れがだいたいわかると思うよ。

――ぜひお願いします。

ソニーのチャートを例にとるね。通常のチャート表とRSI、MACDも見ていこうね。

八月の頭あたりを見てごらん。ロウソク足が長短移動平均線の下になっているのがわかるだろう。そして八月一二日あたりに短期移動平均線を突き抜けて、IPゾーンに突入したね。ここで買いの検討をはじめるんだよ。

――本当だ。この近辺には同事線もいくつか出ていますね。トレンドが変わるシグナルだ。

そうだね。四〇〇〇円近辺から下落をつづけてきた株価が底を打つサインが連続して出ているのがわかるだろう。

じゃあ、MACDを見てみるよ。これを見ると、八月一三日にMACDがシグナルを下から上に突き上げているのがわかる。

――これも買いシグナルですね。

RSIも見てみようか。八月一三日あたりは約四〇％を示しているね。売られ過ぎの三〇％を下回ってはいないけど、かなり売られている水準だから反発があってもおかしくないと考えられる。

――ということは、買いシグナルが四つも重なりましたよ。

ここで買いに入ろうと判断できるんだよ。

うまく八月一四日あたりに三七〇〇円で買えたとしようか。

八月一九日にはゴールデンクロスして、本格的な上昇に入っていったのがわかるよね。

――うんうん、調子いいですねえ。

今度は売り時を考えなければいけないね。

――売り時が大事なんですよね。

そうだよ。九月の中頃にトウバが出て、長期移動平均線が急上昇からなだらかになってきたのがわかるかい。

――はい、少し流れが変わってきたような……。

MACDを見てみると、九月半ばにシグナルを上から下に突き抜けて下落しているよね。RSIも買われすぎゾーンに近づいている。これは買われ過ぎだから、そろそろ売りが多くなって下がるかもしれない。ぼくなら、ここで売るね。

――ぼくも売ります。

もし九月一九日に売ったとすると終値が四三〇〇円。買ったのが三七〇〇円だから、差し引き六〇〇円の利益になる計算だよ。

もし、ここで売れないと、少し後にデットクロスがやってくる。ここで売ると、三八九〇円。まあ、損はしていないね。

――利益にはなりますけど、ちょっともったいないですね。

いくつか売りサインが出ていたら、スパッと売ることも肝心だよ。これは非常にうまくいった例を取り上げているけど、考え方の手順はこういうことなんだ。これを参考に、自分でいろいろ工夫してみよう。

実践!売り買いのポイントを探してみよう!

やはりむずかしい売り時の判断法とは？

N計算値、E計算値、V計算値、NT計算値

——今まで何回も、株式投資は買いより売りのほうがむずかしいという話が出てきていますが、売り時を判断する自信がまだないんです。

そんなときは株価の目標値段を観測する方法があるよ。株価がどれくらいの値段になるか、あらかじめ目標を決めておくんだ。次ページを見てごらん。

——計算はちょっと苦手なんですが。

心配しなくても大丈夫。計算というよりも、チャートに補助ラインを引けば、イメージとして理解できるよ。

——それなら、できるかな。

まずN計算値から説明するね。図のようにA（五〇〇円）からB（六〇〇円）まで上げて、C（五五〇円）まで調整が入ったとしようね。

——調整って何ですか？

上昇した株価がちょっと小休止して下げることだよ。ある程度上がると、利益確定のために売りに出す人が増えるからね。

——なるほど。いったん上昇が止まっても、また上がるから調整というんですね。

そういうことだね。運良くCで買うことができたら、いくらで売り時と判断したらいいのか。N計算値では、ABの値幅（600－500＝100）をCから付け足すんだ。つまり五五〇円から一〇〇円上げた六五〇円が、売り時の目安ということになるね。

——直前の上げ幅分を調整の底値にくっつけるわけか。

そうだね。前と同じ程度は上がるだろうという予測だね。次のE計算値では、同じくAからBへの上げ幅を付け足すんだけど、調整の底値Cからではなくて、Bから上乗せするんだ。AからBで一〇〇円上がって六〇〇円になったから、Bに一〇〇円加えると七〇〇円というのが、売り時の目安となるね。

——上乗せするポイントが違うんですね。この違いはどういうことなんでしょうか？

N計算値のほうが堅実な売り時の目安で、E計算値のほうが強気の目安といえるだろうね。

——堅実な目安と強気の目安か。

それからV計算値というのもあるよ。これは、BからCへの調整下げ幅をBに加えるという形だね。B（六〇〇円）からC（五五〇円）の下げ幅は五〇円だから、Bに五〇円を加えて六五〇円が売り時の目安ということになるね。

——これでいくと、調整の下げが大きいほど、目安となる価格が高くなりますね。

そうだね。大きな調整の後には大きな反発があることが多いからね。調整分の倍返しといったところかな。

——もうひとつのNT計算値というのは……。

これは、図を見てもらえばわかると思うけど、起点となるAと調整の底値のCの値幅をCに加えるんだ。AとCの値幅は五〇円だから、Cの株価五五〇円に五〇円を付け足すと六〇〇円だね。この六〇〇円が目安の値段ということになるね。

——四つも計算値があると、どれを使えばいいのか迷ってしまいそうです。どういう使い方をすればいいんですか？

じゃあ七二ページの実際のチャートで見てみようか。七一ページの計算値の図を見ながら、チャートに自分で線を引いてみるとわかりやすいよ。さて、現在はCだとするよ。チャートではAがボトムになっていることがわかるよね。ここを基準にすると、もっとも高い目標はABのE計算値九〇六円になる〔B（八〇八円）－A（七一〇円）をBに足す〕。でも、そこまで勢いがつくかどうか

売り時の目安となる数値がある

N計算値

計算式:
N計算値=C+(B−A)

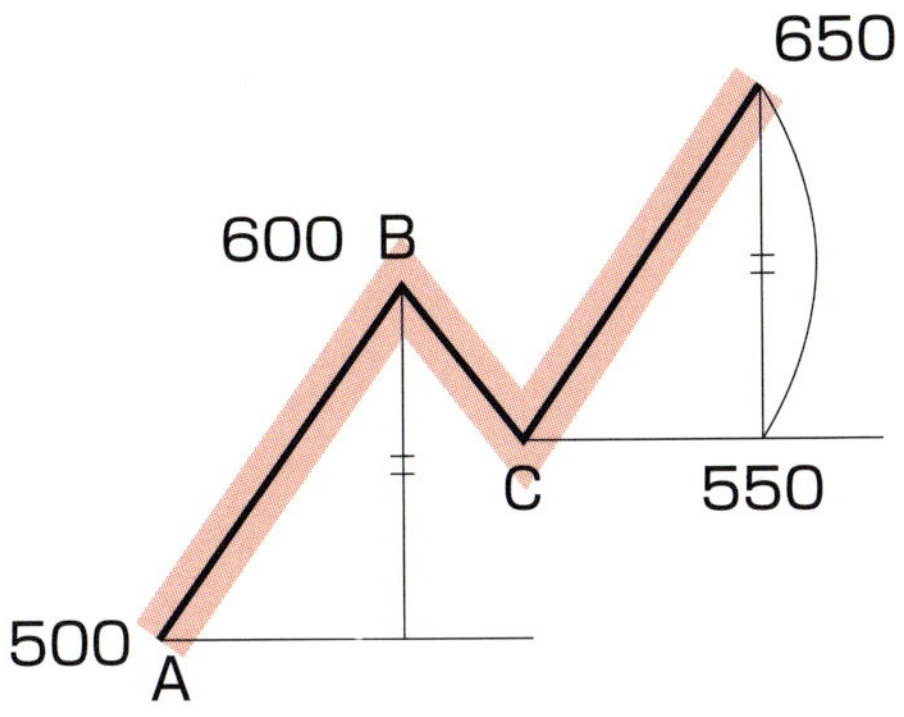

AからBへの上げ幅を、調整後のCから足した値段

E計算値

計算式:
E計算値=B+(B−A)

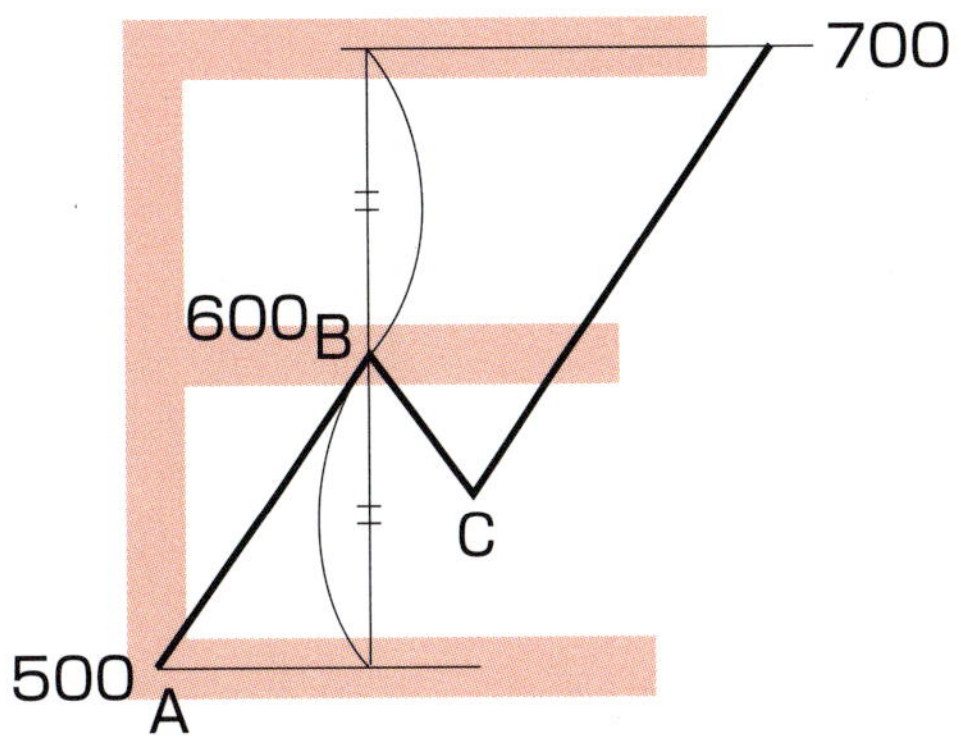

AからBへの上げ幅を、Bに上乗せした値段

V計算値

計算式:
V計算値=B+(B−C)

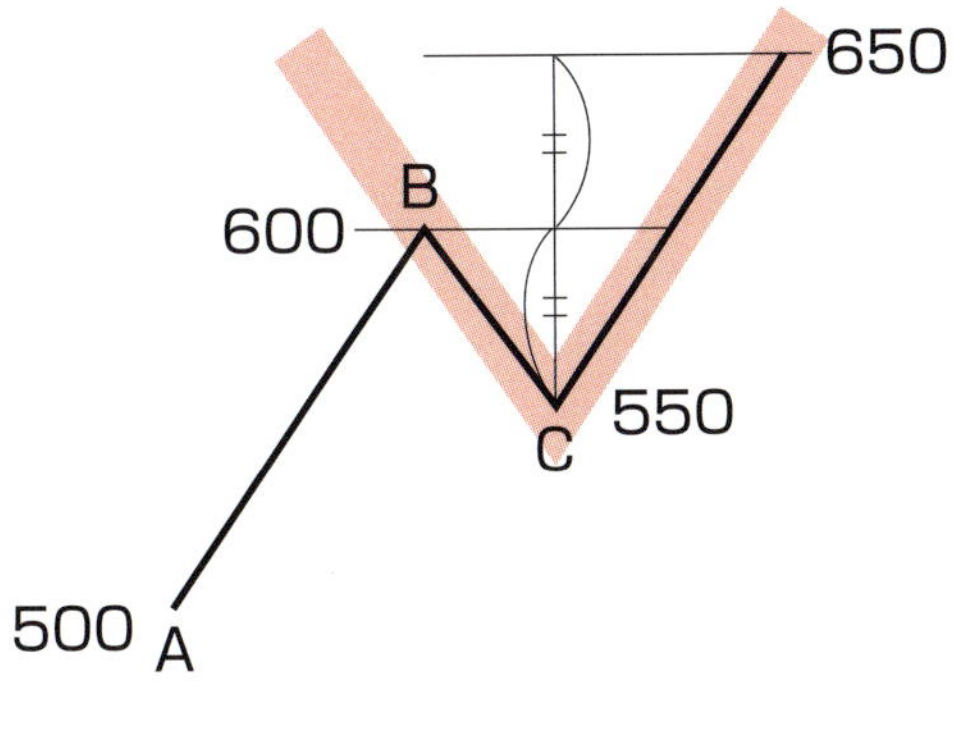

BからCへの下げ幅をBに足した値段

NT計算値

計算式:
NT計算値=C+(C−A)

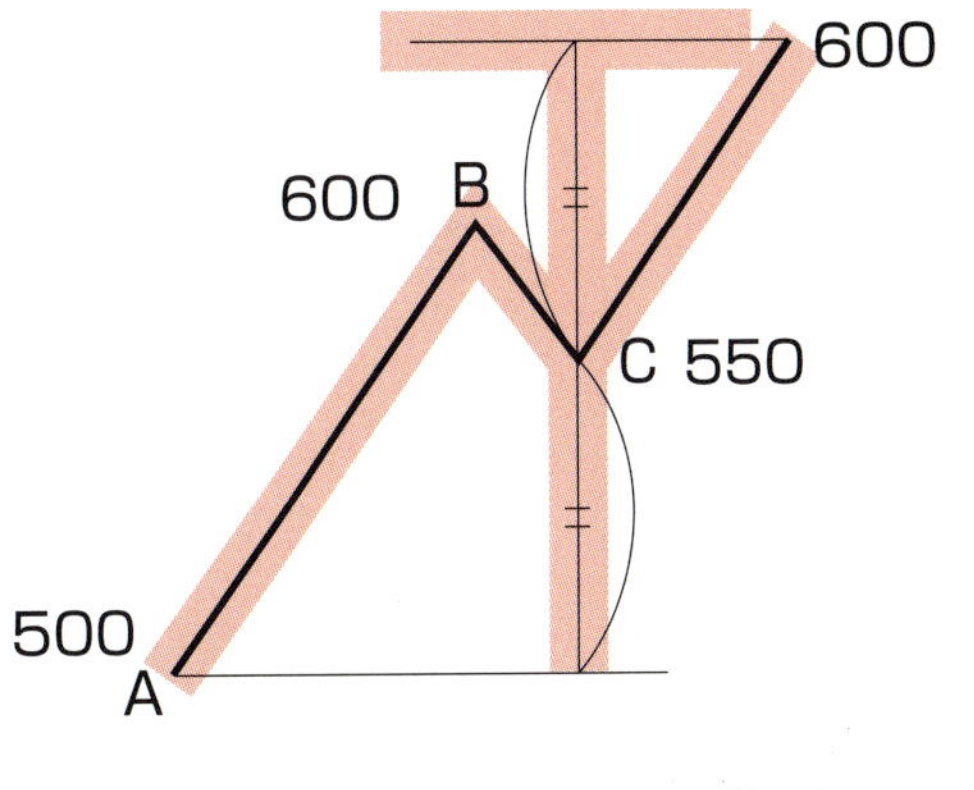

Aから調整の底値Cの上げ幅をCに足した値段

山崎製パン

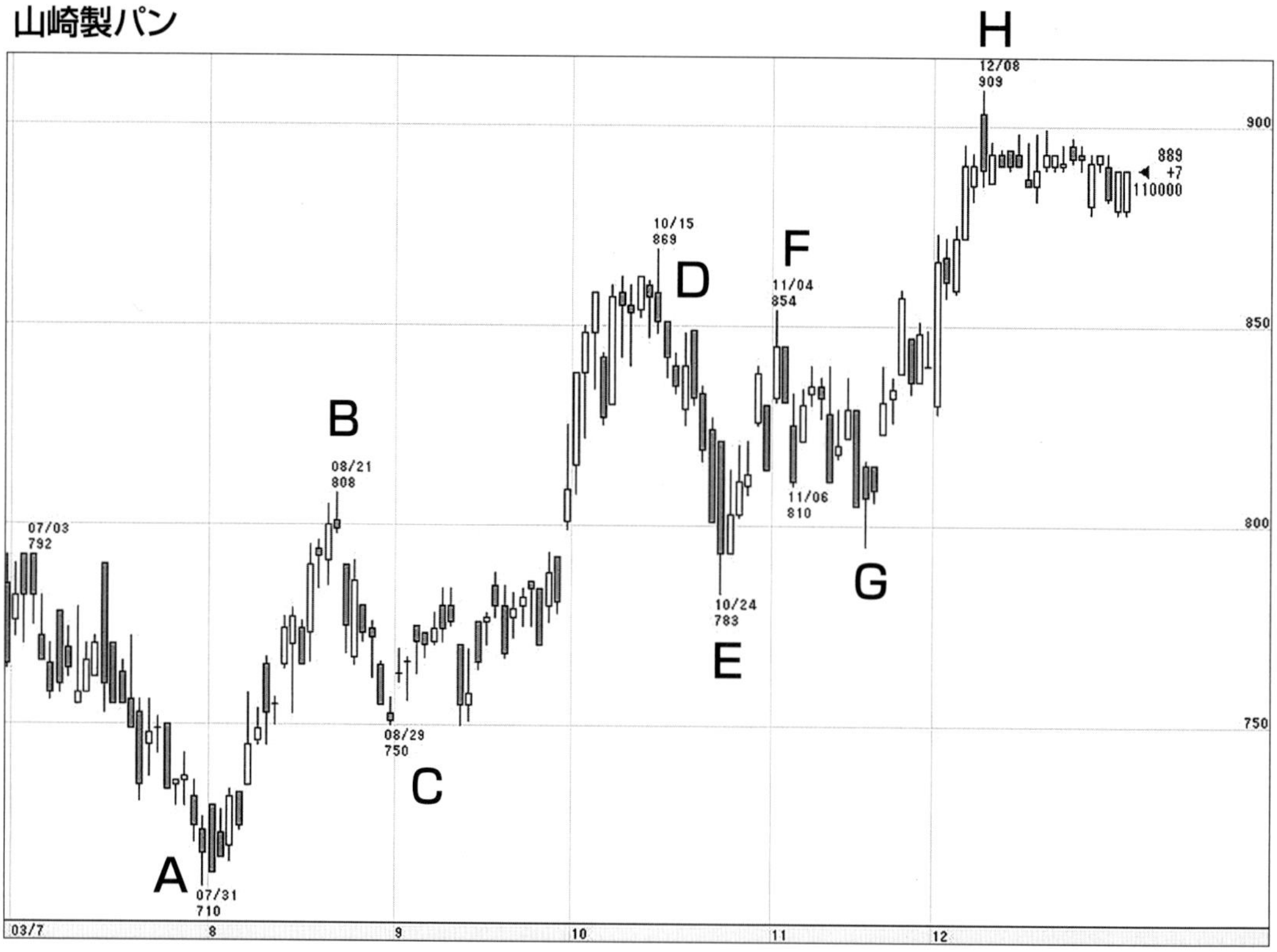

わからないから、N計算値の八四八円〔B－A＝98円をC（七五〇円）に足す〕をとりあえずの目標と考えるんだ。

――大目標がE計算値九〇六円で、その手前に小目標のN計算値八四八円を立てておくんですね。

そういう目標を立てておけば、八四八円で立ち止まるようなら、そこで売り、突き抜けるようなら九〇六円までいく可能性があるから、さらに買い増ししていくという戦略を立てることができるんだよ。

――うん、これなら目標値段がわかって売り時の目安をつけやすいですね。

実際のチャートではCからDまで上がり、八六九円をつけた。これはN計算値の八四八円に近い値段だよね。

ここで売りの判断をすることもできるし、もう少し我慢していれば、一二月八日に九〇九円まで上がっているよ。E計算値で出した九〇六円とほぼ同じだろう。

――本当ですね。たしかに計算値どおりになっていますよ。

じゃあ、今度は現在がEだとしようか。CをボトムとしてNT計算値を出してみると八一六円が目標値段になる〔E（七八三円）－C（七五〇円）＝三三円をEに足す〕。実際の株価は八五四円まで上昇しているから、目標値段の八一六円はクリアしているよね。

――八一六円で売ったとしても、利益は出ますね。

今度はGが現時点だとしようか。V計算値で計算してみると、目標値段は九一三円になるね〔F（八五四円）－G（七九五円）＝五九円をFに足す〕。チャートを見ると九〇九円まで上がり、ほぼ目標値段近辺まで来ているよ。

――なるほど。こうやって計算値を当てはめて目標値段を設定しておくんですか。これなら売り時の目安もわかりやすいですね。

目標値段を設定しておけば、多少相場が動いても冷静に状況を判断することができるんだよ。

Part 4

いま話題のペンタゴンチャートって何？

――先生は、ペンタゴンチャートという独自のチャート分析を行っていると聞いたんですけど……。

うん。株価チャートの上に五角形を描いて、株価の動きを分析しているんだ。

――へえ、そんな分析手法もあるんですね。他の人も、ペンタゴンチャートを使って分析しているんですか。

いや、おそらく本格的にペンタゴンチャートを使って分析しているのは、いまはぼくだけだと思うよ。

――じゃあ、日本でただひとりのペンタゴンチャートの使い手！

そんな大げさなもんじゃないけどね。でも、ペンタゴンチャートは株価の動向を考えるうえで、非常に参考になることが多いんだ。

――ペンタゴンチャートって、どんなものなんですか？　どのように使うんですか？

まあ、そうあせらずに。それは講義のなかできちんと説明していくよ。

なぜペンタゴンチャートで株価が予測できるのか

ペンタゴンチャートの秘密

——さっそくですが、先生が公表されているペンタゴンチャートとはどういうものなんですか？

ペンタゴンチャートは、株価の動向を見極めるのにとても有効な分析手法なんだ。具体的にいうと、五角形（ペンタゴン）の図形を株価チャートに重ね合わせて、株価のトレンドを予測していくんだ。

　次ページのチャートを見てごらん。これは日経平均のチャートにペンタゴンを重ねたものだけど、株価が驚くほどペンタゴンの対角線に沿って推移していることがわかるだろう？　これがペンタゴンチャートなんだよ。

——す、すごい。本当にペンタゴンのラインに沿って動いていますね。どうして、このように動くんですか。

図のペンタゴンを見てみよう。ペンタゴンの対角線であるBEラインを一とすると、ABライン、つまりペンタゴンの一辺は〇・六一八。対角線と一辺はどこも一対〇・六一八になっているんだ。この一対〇・六一八という割合が、ペンタゴンチャートのミソなんだよ。

——一対〇・六一八がミソ？　まったく意味がわかりませんが……。

「黄金分割」って聞いたことあるかい？　自然界で美しいとされているものは、だいたい一対〇・六一八という比率になっているんだ。それが黄金分割と呼ばれているんだよ。

——黄金分割ですか。そういえば、学校で習った気がするなあ。

たとえば、エジプトのピラミッドやギリシアのパルテノン宮殿の柱も黄金分割でできているといわれているんだ。それからミロのビーナスも黄金分割でできているんだよ。

——ミロのビーナスもですか？

ミロのビーナスの頭から足先を一とすると、おへそのところから足先までが〇・六一八なんだ。

　日本の美術もそうだよ。日本に黄金分割が伝わったのは室町時代といわれているんだけど、それ以前の日本の代表的建築や絵画は一対ルート2の比率でつくられているものが多いんだ。

　でも室町時代以降は、黄金分割の一対〇・六一八の比率を取り入れたものが多くなったんだよ。

　たとえば、桂離宮もそうだし、能楽の能面もそうだね。それから、葛飾北斎の『富嶽三十六景』も黄金分割が取り入れられているという研究もあるんだよ。

——なるほど。黄金分割は美の基準になっているんですね。でも、どうしてそれが相場の世界に使われているんですか？

株価というものは、人間の欲望を含めて、森羅万象あらゆるものを取り込んで形成されるものなんだ。だから、株価の動きが自然界の法則である黄金分割の影響を受けても不思議ではないんじゃないかな。

——株式相場が常識でははかることのできないものだというのは、何となく理解できます。

相場というものの本質が自然界の法則によっているのだとしたら、美しい黄金分割に収れんして表すことができるのではないか。そこで取り入れられたのが、このペンタゴンチャートなんだよ。

——うん、なんとなくわかるような気がします。一対〇・六一八の比率がなぜ美しいのかということは説明できませんけど、それがたしかに美しさをもたらす比率であることは数々の美術品が証明しているんですよね。

　それを株式相場に持ち込んだとき、見事なまでにきれいに相場の動きを当てることができる。すごく興味深いことですね。

黄金分割比で株価が動く!?

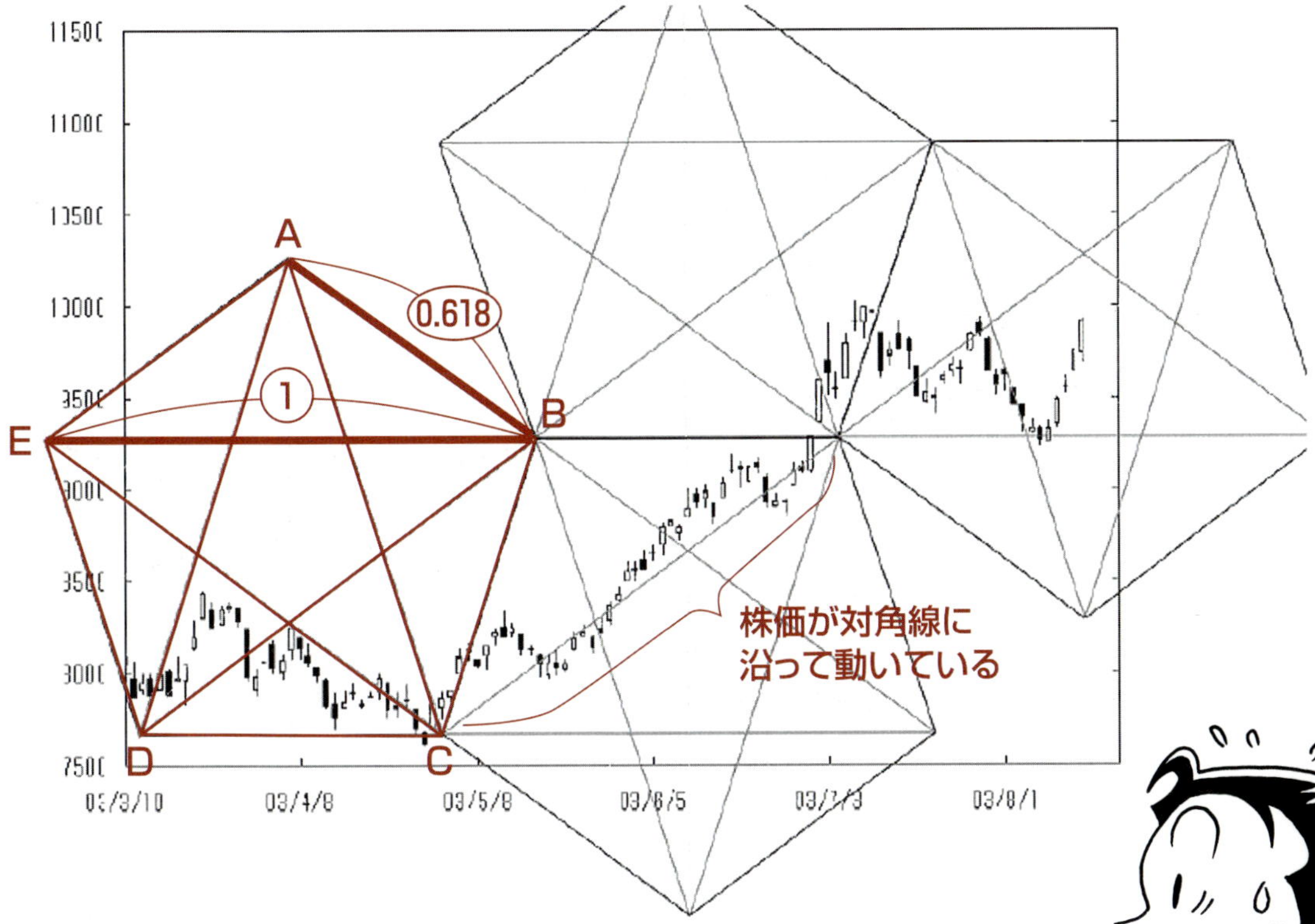

黄金分割比はこんなところにも使われている

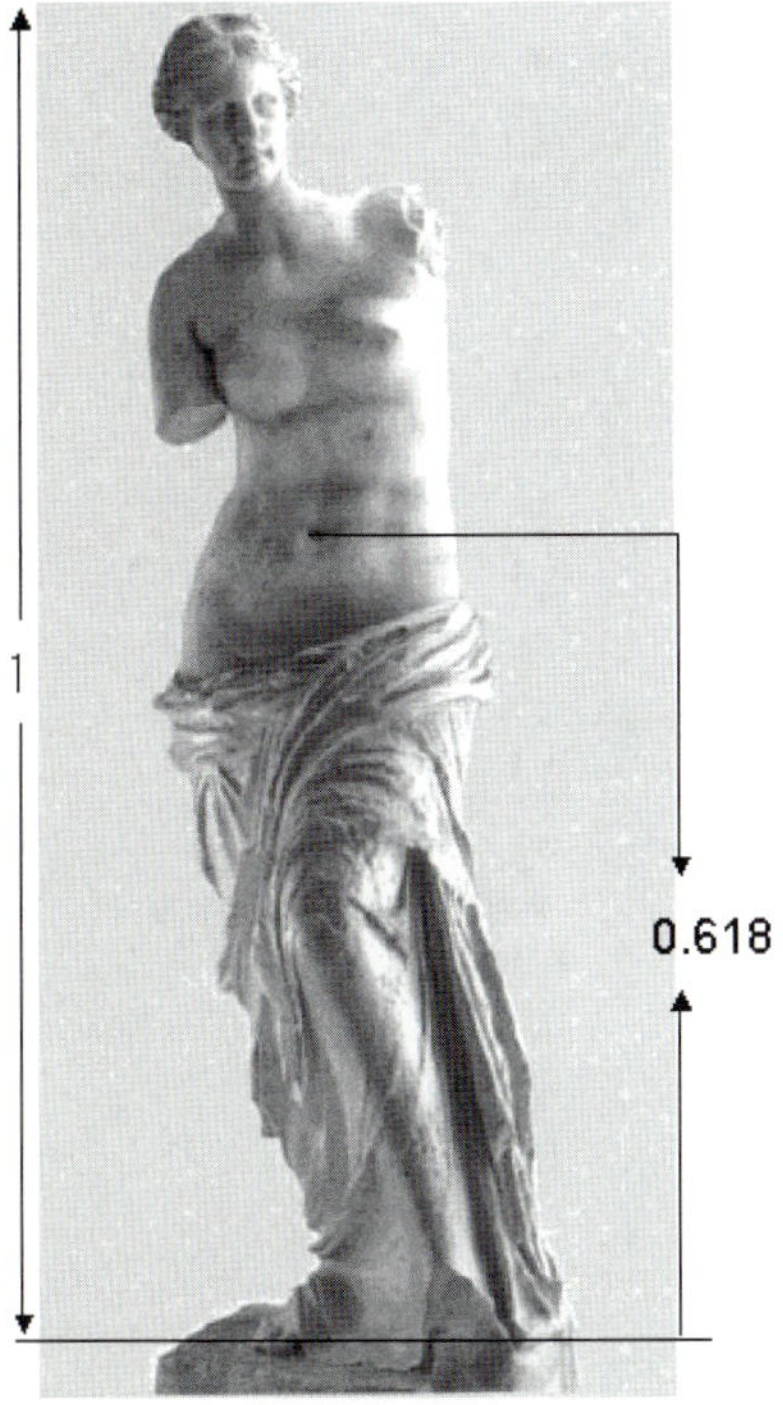

ミロのビーナス

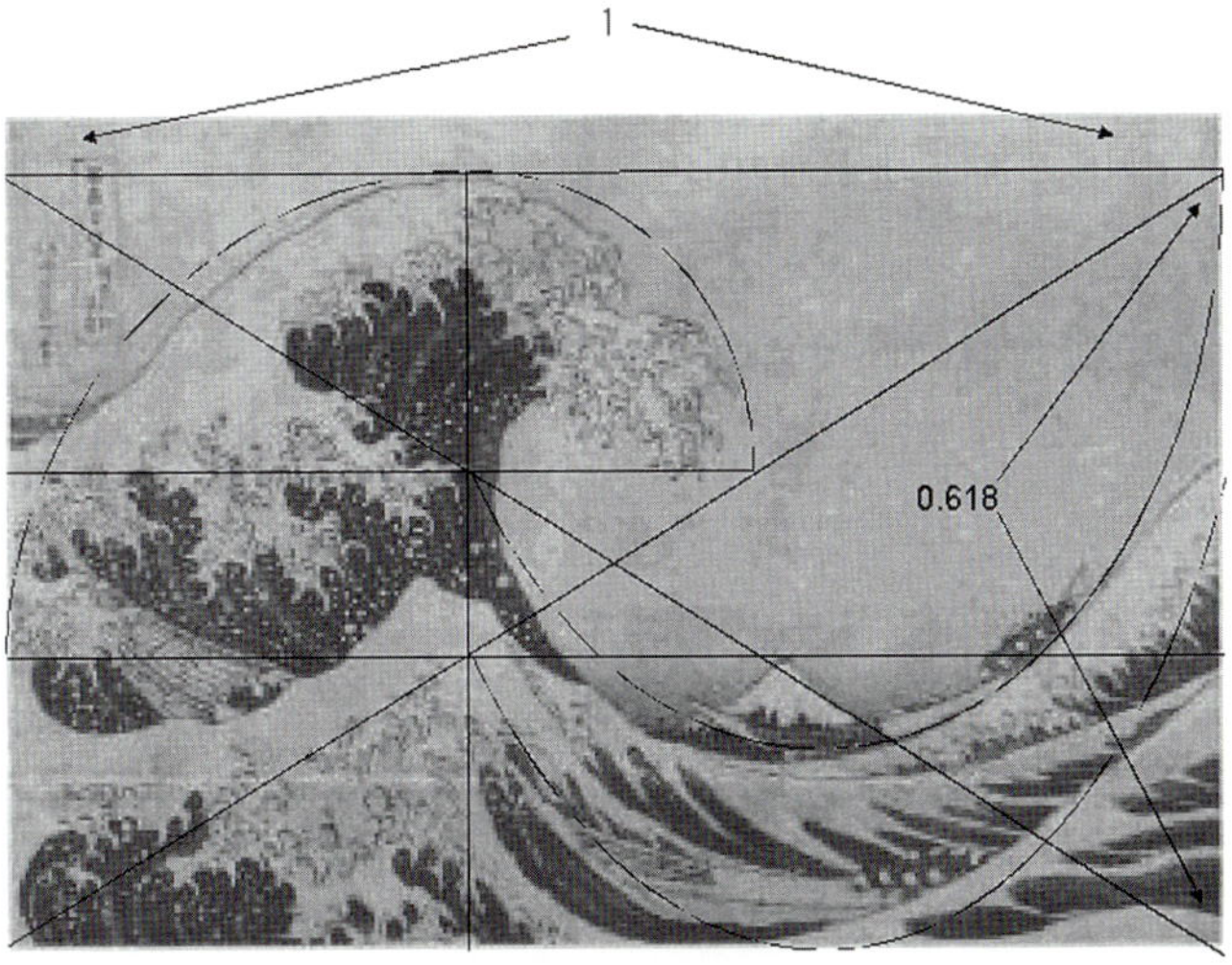

富嶽三十六景

ペンタゴンチャートがいま注目されている理由

ペンタゴンチャートはどこから来たのか

——ペンタゴンチャートは先生が考え出したものなんですか？

いや、そうじゃないよ。昔から相場関係者の間で使われていたものなんだ。誰が最初に考えたかは謎なんだけど、アメリカで一九八〇年代後半に出版された『ザ・ニュー・コモディティ・トレーニング・メソッド』という本の中には、ペンタゴンチャートが紹介されているよ。だから少なくとも八〇年代後半には、使われていたことになるね。

——日本で描かれるようになったのは、いつぐらいなんですか？

やはり八〇年代後半くらいだと思うよ。でも、知っていたのは、わずか数名。ぼくもその中の一人に教わったんだよ。

——はじめてペンタゴンチャートを知ったときは、どう思いましたか？

いやあ、びっくりしたよ。どうしてこんなにラインに沿って株価が動くのか不思議でしょうがなかったね。でも、実際にそう動くんだから、これはもうその威力を信じるしかなかったんだ。

——それほど株価動向を予測するのに有効なのに、ペンタゴンチャートは、これまでどうして日本で広まらなかったんでしょう？

それは、秘伝中の秘伝として一部の人間の間だけで守られてきたから。ぼくも教えてくれた人から「絶対に口外してはいけない」といわれていたからね。

——それなのに、なぜいまペンタゴンチャートを発表しようという気になったんですか？

いちばん大きな理由は、九〇年代から十数年にわたって乱高下を繰り返してきた株式相場において、ペンタゴンチャートが相場の動きを読むのに役に立つと思ったからだよ。ペンタゴンチャートをつけていた人が、外れるなどの理由から途中でつけるのをやめてしまったということもある。

——外れてしまったんですか？

ぼくの経験上、ペンタゴンチャートが機能しなくなるときは、ペンタゴンの描き方に問題があることが多いんだ。ペンタゴンチャートを描くには、ちょっとしたテクニックが必要だからね。間違えた場合は、すべて手作業で修正しなければならず、大変な作業が必要だったんだよ。いまはパソコンが普及したおかげで、だいぶラクになったけれど、一〇年前は起点となるペンタゴンを描くにしても、チャート表に鉛筆で描いては消し、描いては消しの連続で、相当な労力を強いられたんだ。

そんなことで、いまペンタゴンチャートをつけつづけているのは、日本ではおそらくぼく一人だとチャート仲間からいわれたんだ。

——日本では、先生一人だけですか。それは貴重な存在ですね。

私に教えてくれた人ももうペンタゴンチャートをつけるのをやめてしまったと聞いたんだ。教えてもらってから一〇年以上もたったし、そろそろ世に出してもいいだろうと思ったのも、ペンタゴンチャートを発表した理由のひとつだね。

それに、いまは時代の曲がり角を迎えて、昔のように銀行や郵便局へお金を預けておけば、それだけで資産が増えるような時代ではなくなってしまった。個人がきちんと資産管理をして運用していかなければならない時代になったんだよ。

そういう時代だからこそ、少しでも個人投資家のみなさんに、資産運用の助けとなる手段を紹介したいという気もあったんだ。

——ますます興味がわいてきました。ぜひとも、このペンタゴンチャートをぼくにも教えてください。

じゃあ、まずはペンタゴンチャートの特徴から説明していこう。

ホームページでペンタゴンチャートを見るには

http://www.kazkawaguchi.com

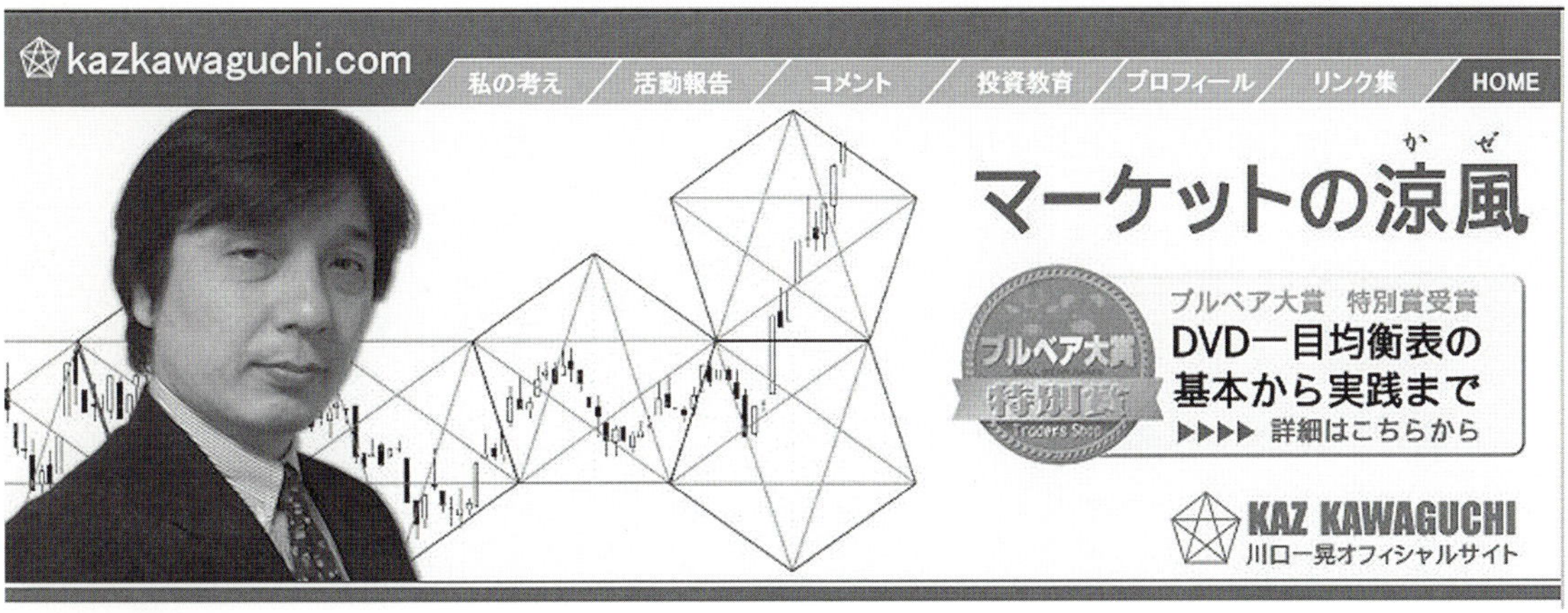

コメントをクリックするとペンタゴンチャート分析が……

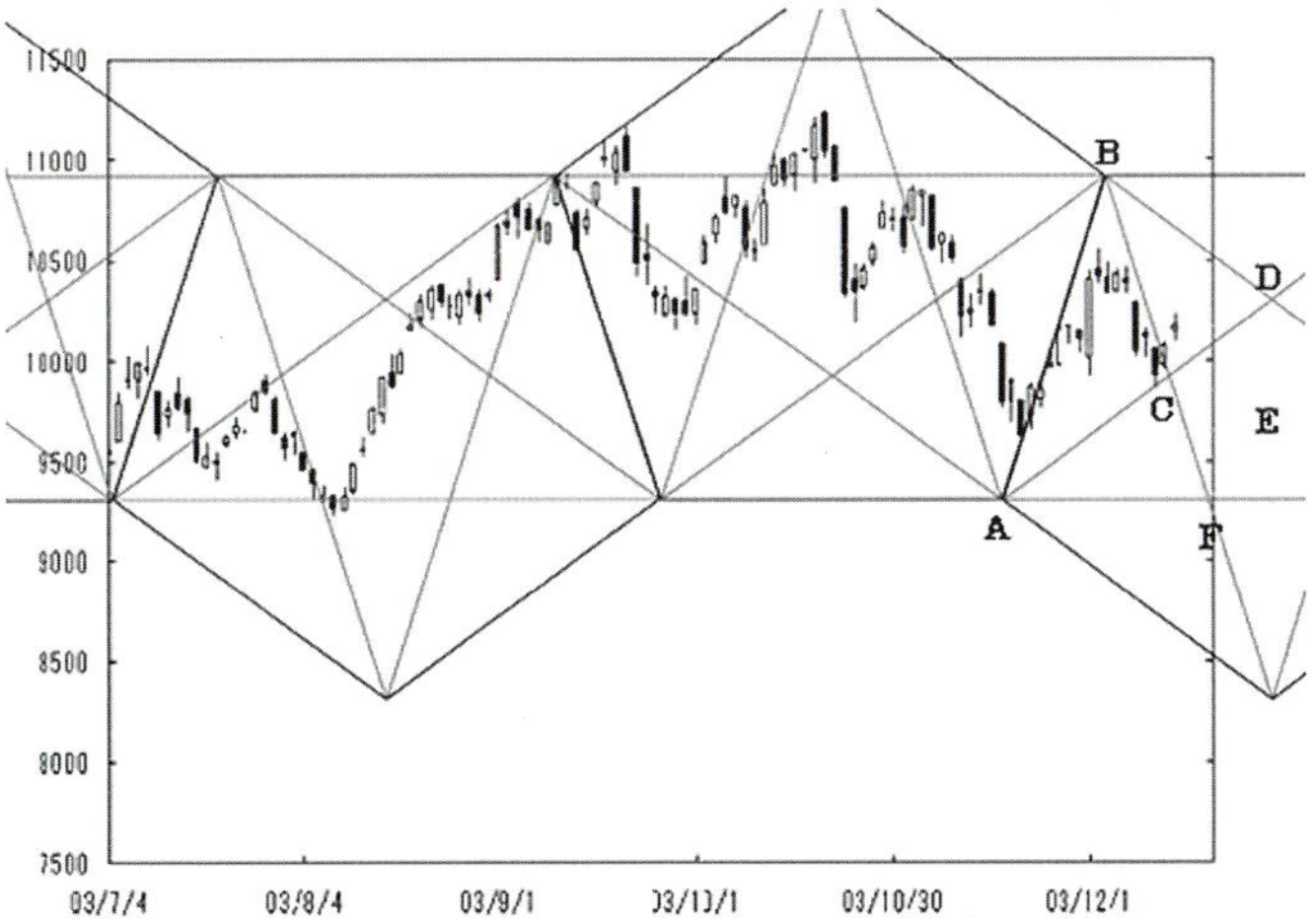

日経平均株価はABCの3角形の中をきれいに推移した。つまり、ABのラインに沿って動き、B点には接しなかったもののB点の時間帯を境に今度は上値抵抗線であるBCラインに沿って下落し、ほぼC点（約9900円）に到達した。

その後はBCDの三角形の中に移り、CDラインを下値支持線として動こうとしている。

F点のある時間帯（12月18日前後）も気にならないわけではないが、D点やE点といったペンタゴンのど真ん中の時間帯が12月30日前後となっている。


よって、日経平均株価は年末ペンタゴンのど真ん中の時間帯にどこに位置してくるのか、大変注目される。

CDラインに沿ってD点を目指すのであれば、年末は10300円前後。

CDラインを割り込むとE点を目指すのか。　E点は9700円前後。

BDラインという上値抵抗線をブレイクする可能性もあるのだが、その場合でもB点のある10900円が上限ではなかろうか。

ちなみにAFラインは9300円前後である。

ペンタゴンチャート　三つの特徴

ペンタゴンチャートの性質

ペンタゴンチャートには、三つの特徴があるんだ。

—三つの特徴？

左の図を見ながら説明しよう。まず第一の特徴は、AやBなどのラインとラインが重なった点に吸い寄せられるように動いていくということだよ。

そのとき、ABラインなど、ペンタゴンの辺や対角線に沿って動くことが多いんだ。

—七五ページの図で見ると、ほぼラインに沿って株価は動いていますね。本当に交点に吸い寄せられているようだ！

二番めの特徴は、交点に吸い寄せられると、そこで方向を変えることが多いということなんだ。たとえば、C点に向かった株価は、C点近辺まで来ると今度は下降に入り、D点に向かうというようにね。このように、交点は変化が現れるポイントとなるんだよ。

—ふうむ。不思議ですねえ。でも、本当にそうなっているから、驚いちゃうんだよなあ。

交点を目安にすれば、いくらくらいまで株価が上がるか、あるいは下がるか、流れが変化するのはいつぐらいになるか予想しやすいよね。

C点から下降した株価はD点の値段まで下がっていくことがわかる。そして、D点で変化をする可能性があるから、それはチャートの下の日付目盛りを見れば、だいたい何月何日ぐらいというのが、ひと目でわかるんだ。

—本当だ。これはすごいですね。

ちょっと番外編の特徴としては、ペンタゴンの中心部も変化点になることを覚えておいて。

—中心部は交点じゃないですけど、ここでも変化するんですか？

そうなんだ。それほど出現する例ではないけど、チャートが対角線を離れて中心点に向かっていたら、中心点を変化ポイントとして注意しておいたほうがいいよ。

—わかりました。

三番めの特徴にいくよ。株価チャートでは、株価は左から右に流れていくよね。ペンタゴンも、左から右にどんどん付け足していくんだ。

そのとき、もし株価が急落したら、ペンタゴンは左下に付け足さなければいけなくなるね。3の左側のパターンだね。これは「時間の逆行」といって、ペンタゴンチャートではタブーとなっているんだ。

上昇パターンでも同じだよ。3の右側のように左上にペンタゴンを付け足すのはタブー。

—常に右側にペンタゴンが伸びていかなければいけないのか。

そういうことだね。すると、急落パターンでは、EFラインが強力な下値支持線になるんだよ。これより下に下がってしまったら、時間の逆行だからね。同様に上昇パターンでも、GHラインが強力な上値抵抗線になるんだ。これが三番めの特徴だね。

—実際にペンタゴンチャートをつけてきて、時間の逆行になったことはないんですか？

この十数年間、日経平均のペンタゴンチャートをつけてきて、二回だけ時間の逆行になったことがあるよ。

でも、そのときはすぐに株価は戻ってきて、正常なペンタゴンの中に収まったんだ。だから、まあこれはよしとしようと。

—誤差の範囲内ということですね。

そうだね。もし、時間の逆行をしてすぐに株価が戻らないということは、ペンタゴンチャートの描き方が間違っている場合が多いんだ。ペンタゴンの大きさが違っているか、起点が違っているか。そのときは、もう一度ペンタゴンチャートを描き

ペンタゴンチャート3つの特徴

1 株価は対角線に沿ったり、交点に吸い寄せられる

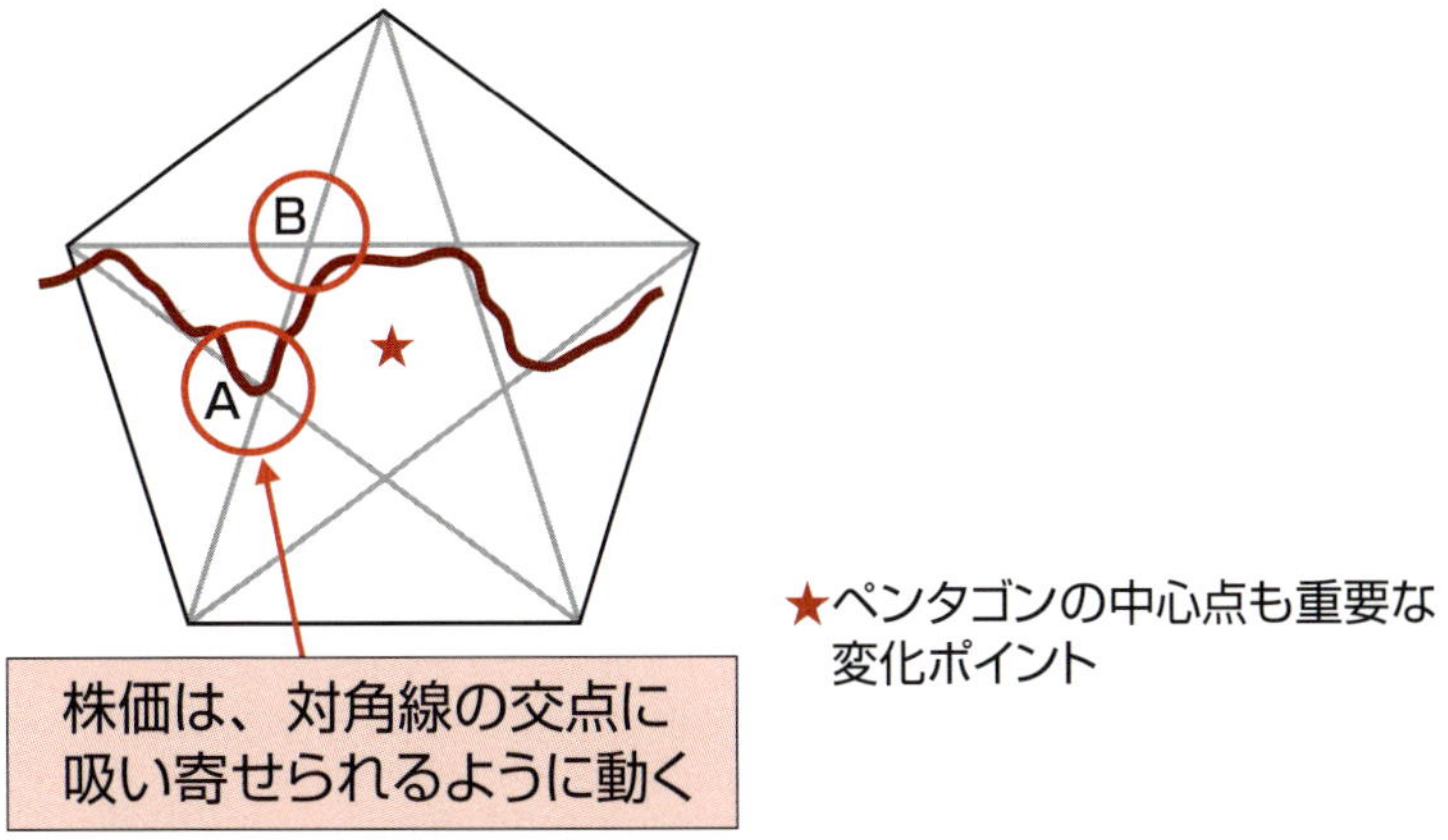

★ペンタゴンの中心点も重要な変化ポイント

2 株価は交点に吸いよせられると、方向を変える

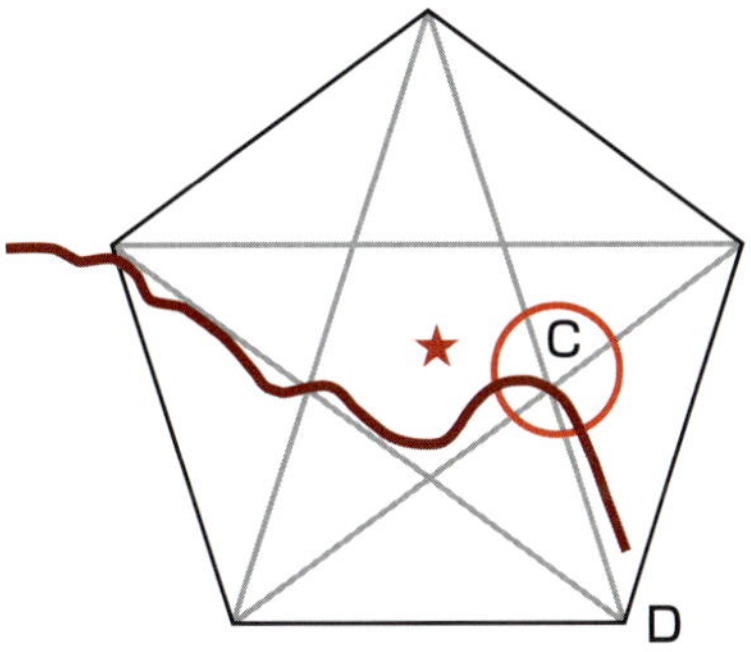

3 ペンタゴンは左から右へ描かれる。逆行することはほぼない

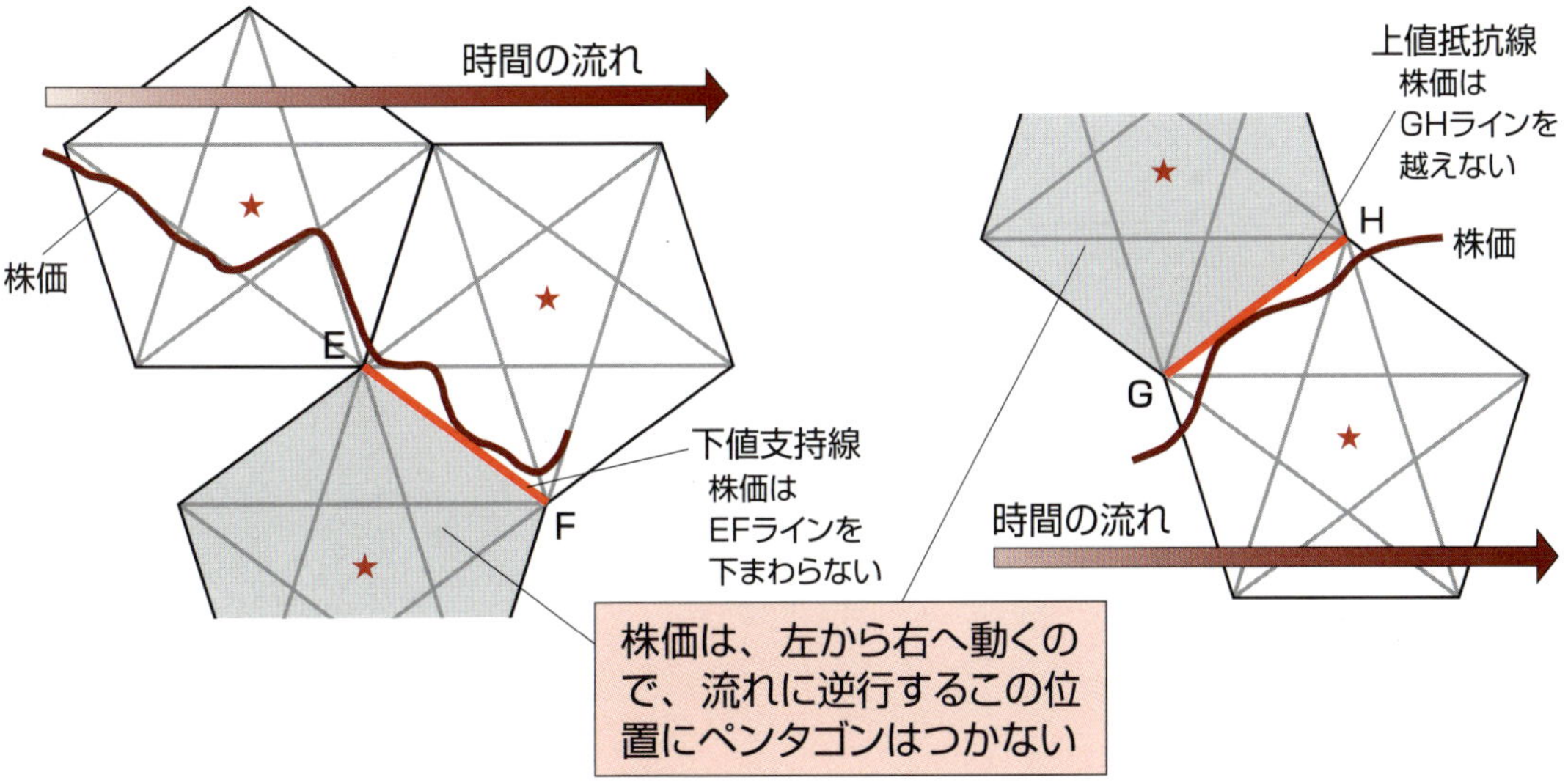

ペンタゴンチャートでここまで予測できた！

ペンタゴンチャートの実践例

——ペンタゴンチャートのすごさはよくわかりました。でも、これを使いこなすには、ちょっとしたコツがありそうですね。先生は、どのように予想に役立てているんですか？

じゃあ、ペンタゴンチャートを使った予想を紹介してみようか。これは、過去のデータを見ながら解説するんじゃなくて、テレビのマーケット報道番組でその当時に、ぼくが実際に予想したことだよ。材料は日経平均のチャートを使うね。

——テレビの投資番組での予想が驚くほど当たるので、ペンタゴンチャートに注目が集まったんですよね。

そうなんだ。四月七日の放送で、ぼくは「八日以降、日経平均は七六〇〇円前後まで下降する可能性がある」といったんだ。なぜなら、ペンタゴンチャートで株価は交点A付近に達し、変化することが考えられたからね。当時の状況から、日経平均が力強く上昇するとは考えられなかったから、下げると思ったんだ。となると、A点からB点に向かうABラインに沿って株価は下落することになる。B点は七六〇〇円を示しているから、「七六〇〇円まで下落する可能性がある」といったんだよ。

——七六〇〇円なんて信じない人が多かったんじゃないですか？

当時は八〇〇〇円近辺でもみ合っていて、八〇〇〇円割れするかどうかで業界内でも意見が割れていたからね。そんなときに七六〇〇円まで下げるといったものだから、はじめはまったく相手にされなかったよ。でも、実際には四月二八日に、七六〇七円八八銭というバブル崩壊後の最安値をつけたんだ。それで、「おや、これはなんだ」とペンタゴンチャートに一気に注目が集まったんだよ。

——バブル後最安値なんて、誰も予想していませんでしたものね。ペンタゴンチャートはそこまで予想してしまうんですね。

それから株価は反転して上昇していったけど、五月七日の放送で、「上昇基調にある株価は、いったん下落する」と予想したんだ。

——どうして、下落すると予想したんですか？

ペンタゴンチャートを見てくれるかい。はじめはBからCへ向かうBCラインに沿って上昇しはじめたけど、途中からラインを少しはずれているよね。

——本当ですね。少し下を推移するようになっています。

依然株価は上昇基調だけど、市場はまだ半信半疑なんだ。なにしろバブル後最安値をつけた直後だからね。だから、ぼくはBCラインから遊離した株価が、BDラインに収れんされていくと読んだんだ。その読みどおり、五月中旬から日経平均は調整に入って、BDラインまで下げたんだよ。

——リアルタイムにそこまで予想すると、ペンタゴンチャートに大きな反響があったんじゃないですか。

番組に「ペンタゴンチャートはどうつくればいいんだ」という問い合わせが殺到したそうだよ。ぼくのホームページにも、「ペンタゴンチャートのつくり方を教えてくれ」という人が大勢集まってきたんだ。

——それはそうでしょう。

それから、今度は八月に入ってからまた番組に出演したんだ。ちょうど株価はE点のところ、九三〇〇円ぐらいのところだったね。ここでぼくは、「八月一四日頃に一万三〇〇〇円前後まで上昇するシナリオと九七〇〇円まででとどまるシナリオが考えられる」といったんだ。いずれにして上昇基調。それまでの下げは調整と考えられていて、大幅な下落はないと思われたからだね。

——八月一四日か。あれ？　一万三〇〇〇円は交点（G）だからわかりま

ペンタゴンチャートの実践例

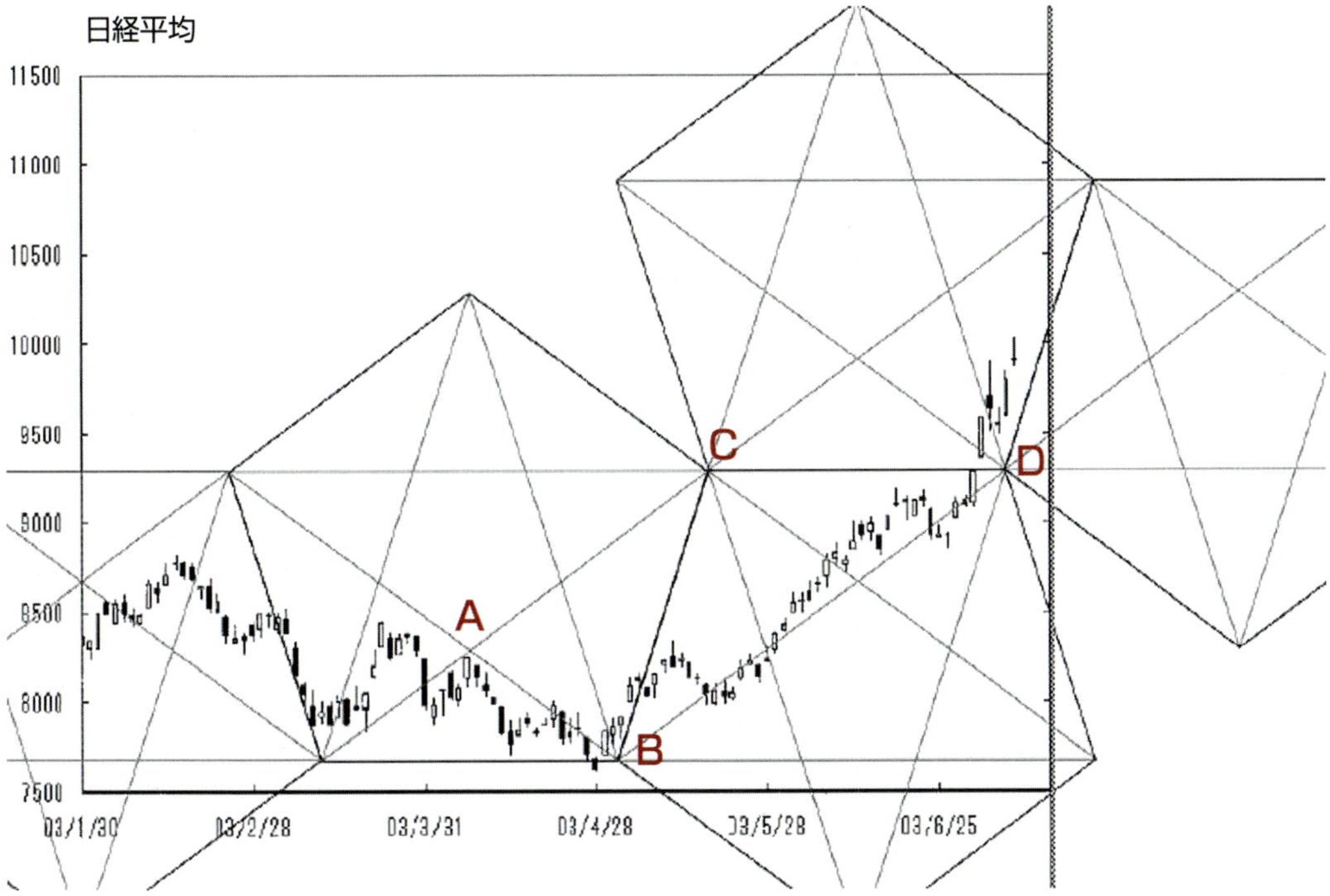

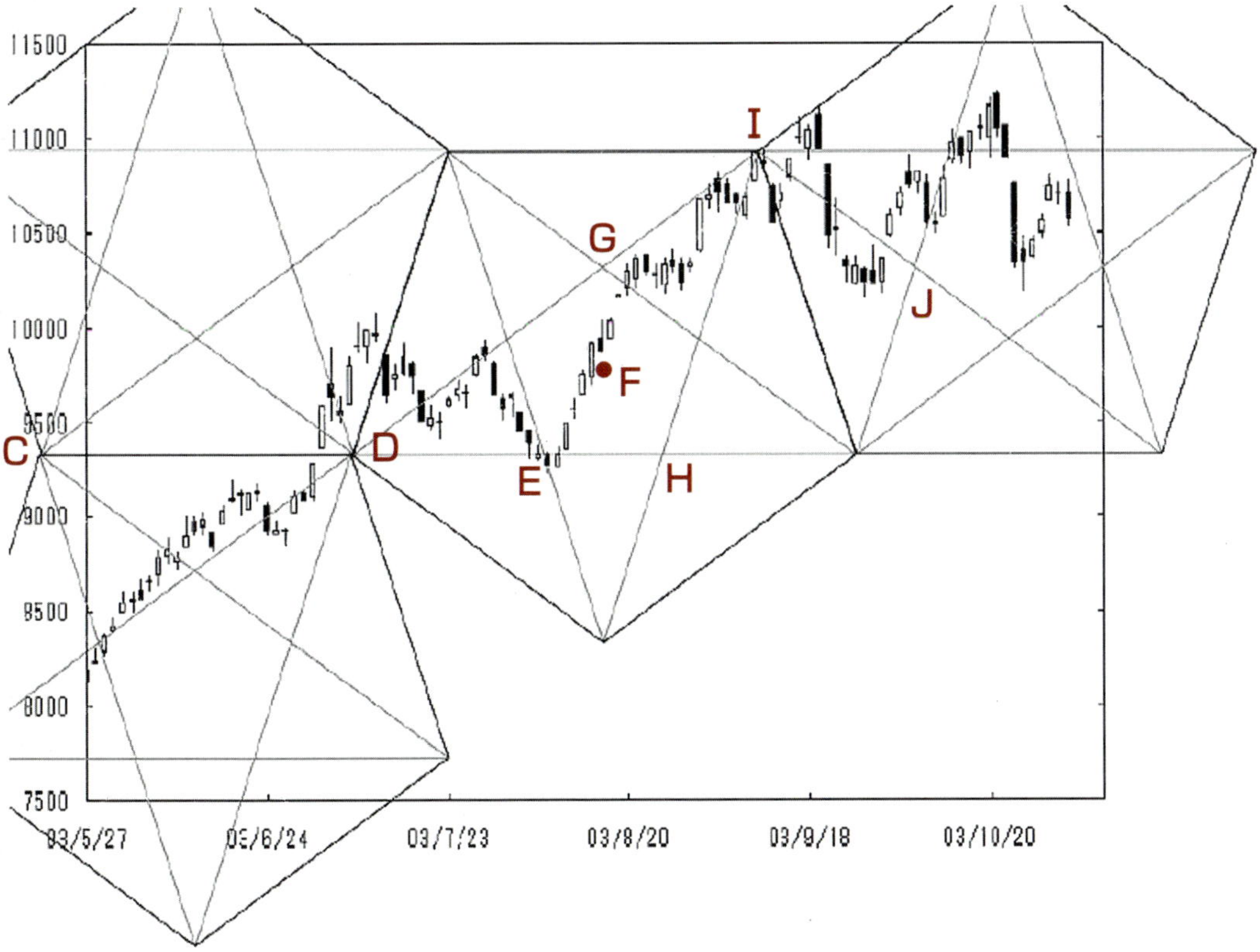

すが、九七〇〇円を示す交点はありませんが……。

たしかに、そうだね。ぼくはE点から上昇に転じると思ったんだけど、ペンタゴンチャートのラインではそこから九七〇〇円に上げにいくラインはないんだ。

――そうですよねえ。ここには上げに転じるラインなんてないですよ。それなのに、どうして九七〇〇円という数字が出てきたんですか?

それはね、このペンタゴンの中心点が九七〇〇円のポイントなんだ。F点のところだね。

――へえ、中心点。そういえば、ここは五角形のちょうど中心にあたるところですね。ここに向かうと予想したわけですか。

そうなんだ。ペンタゴンの中心点も変化点として注意しといたほうがいいんだ。

――へぇ、中心点ですね。

E点の時点でそのまま下げつづけることは考えにくかったし、水平方向にもみ合う展開も考えられたけど、上昇傾向があったから中心点の九七〇〇円まで昇ると判断したんだよ。その中心点の日は、八月一四日だから、八月一四日前後に交点Gの一万三〇〇円か中心点の九七〇〇円くらいまで上がるといったわけさ。

――結果的には第二のシナリオが当たったんですね。

ただしね。ぼくは中心点のF点まで行ったら、再び調整が入ってH点の九三〇〇円前後まで戻すと思っていたんだ。そうしたら、ダアーッと翔上ってI点まで行ってしまったんだよ。その点については、ぼくの誤算かな。

――先生でも読み違えることがあるんですね。

そりゃそうさ。ぼくは超能力者じゃなくて人間だからね。ホームページでは、F点から株価が駆け上がる状況を見て、「九月九日あたりに一万九〇〇円まで上がる可能性がある」と書いているんだよ。そうしたら、本当に九月九日に一万九〇〇円まで行ってしまったんだ。

――それからの展開はどうですか?

I点を迎えた後、ぼくは急上昇の後の調整に入ると考えて、IとJのラインを意識しながらの調整に入ると考えたんだ。そこでJ点の一〇月初旬には一万三〇〇円前後くらいだろうと予想したんだけど、だいたい九月の終わりから一〇月頭にかけて一万三〇〇円ぐらいまで下落したんだよね。

――また読みが当たりましたね。

ぼくの読みというよりペンタゴンチャートのトレンドがそう示していただけだよ。この後、日経平均は一万一〇〇〇円を超え、世間ではどこまで上昇するかが取り沙汰されていたんだ。だけど、ぼくはそれほど強気じゃなかった。一〇月一三日付けのホームページのコラムで、ぼくは一〇月二四日前後に最低でも一万五〇〇円という値がついていないと、その後上昇パターンのペンタゴンをつけにくいから、株価が上昇しつづける可能性は少ないんじゃないかと予想しているんだ。

――結果的には、一万五〇〇円を割り込んでしまったんですよね。

そうだね。その結果、三月以来の強力なサポートラインを割り込んでしまうことになったよね。

――その後の株価もペンタゴンチャートで、ほぼ予想できたんですよね。

不思議なくらい、予想どおりに動くんだ。

――その後の情報は、先生のホームページのコラムで見ることができるんですよね。それを見れば、さらにペンタゴンチャートの精度を目の当たりにすることができるんですね。

でも、あくまでペンタゴンチャートは株価のトレンドを見るものだということを忘れてはいけないよ。株価とペンタゴンの対角線からいくつかのシナリオが見えてくる。それをどう読むかは、読み手の判断によるからね。

――だから、ペンタゴンチャートだけじゃなくて、テクニカル分析やファンダメンタル分析も必要なんですね。

Part 5

ペンタゴンチャートで株の動きがまるわかり

――先生、ペンタゴンチャートって、すごいんですね。本当に驚きました。

不思議だろう? ペンタゴンの力って。

――本当ですね。これを考えた人はすごい! でも、ペンタゴンチャートは自分でつくらなければならないんですよね。

そうだよ。チャートの上に、自分でペンタゴンを描いていくんだ。

――ペンタゴンチャートを描くためのノウハウとかコツみたいなものがあるんでしょうね。

もちろん、あるよ。チャートの上に五角形を描くだけでは、ペンタゴンチャートにはならないんだ。

――ぜひともペンタゴンチャートを描くコツを教えてください。

そういわれても、ペンタゴンチャートはぼくの売りだからなあ。

――そんなこといわずに、ちょっとだけでも。

しょうがないなあ。ペンタゴンチャートははじめの位置が肝心だから、そこから説明しようか。

1 まずはこの株価チャートを準備しよう

必要な株価チャート

―それでは先生、ペンタゴンチャートをどうやって描けばいいのか、教えてください。

少し面倒な作業をしなければならないから慣れが必要だと思うけど、ペンタゴンチャートのつくり方を解説していこうか。

まず、株価チャートを用意するわけだけど、セミナーなどでペンタゴンチャートの描き方を教えるときには、「チャートは基本的に自分で描いてください」といっているんだ。

―え！ 自分で描くんですか？

そうだよ。方眼紙の縦軸に価格の目盛りをつけて、横軸に日付の目盛りをつけてローソク足を記入していき、どんどん右側に新しい日付のものを付け足していくんだ。

―それは、自分で一日一日の始値、終値、高値、安値を調べて記入して行くわけですか？

基本的にはそうだね。前の週の株価チャートが掲載されたチャートブックが売られているから、これはそれほどむずかしいことではないよ。

また、コンピューターに詳しい人は、エクセルなどの表計算ソフトを使えば、簡単にできるよ。

ヤフーファイナンスなどから数値データをコピーして、「株価チャート」という機能を選択すれば、ローソク足の株価チャートのグラフにしてくれるんだ。

―インターネットを見れば、ヤフーファイナンスでもNIKKEI NETでも株価チャートは見ることができるじゃないですか。それを印刷して使えば便利なのに、どうしてそうしないんですか？

たしかに、そうすればラクかもしれないね。でも、それをやらないのには理由があるんだよ。

―理由があるんですか？

そうさ。インターネットで表示される株価チャートは、ある意味でとてもよくできていて、利用者が見やすいようにいろいろな工夫がされているんだ。

たとえば、株価が高騰、あるいは暴落のように上下に大きく動いたときは、同じ画面のなかで見えるように、縦軸の値幅の間隔を縮めてしまうんだ。

前に印刷した株価チャートと、いま印刷した株価チャートの値幅の間隔が違っていたら、もう同じペンタゴンを付け足していくことはできないんだよ。

―あ！ そういうことか。縮尺が違ってきてしまうということですね。たしかに、それはまずいなあ。

だから、方眼紙を使って、自分でチャートを描くんだよ。そうすれば、値幅の間隔も日付の間隔も、すべて同じに描いていくことができるんだ。

―う～ん、つらいなあ。仕事が忙しくて、とても自分で株価チャートを描く時間がつくれないんですよ。それに、何銘柄もの株価を追いかけていたら、なおさらです。どうにかならないものでしょうか？

それは困ったね。たしかに、一般のサラリーマンの人には、何銘柄も株価チャートを自作するのは厳しいかもしれないね。

―そうなんですよ。努力を惜しむわけじゃないんですが、いかんせん時間が……。そこで、たとえば、時間軸が縮小されたり拡大されるまでは、インターネットの株価チャートを印刷して使うわけにはいかないでしょうか。

しょうがないね。でも時間軸の縮尺には十分注意しなければいけないよ。縮尺が違えば、ペンタゴンチャートは描けないからね。それに、時間軸が変われば、新たにペンタゴンチャートを描き直さなければいけないということを忘れちゃダメだよ。

これが手描きのペンタゴンチャートだ

方眼紙に自分で描いていた頃のペンタゴンチャート

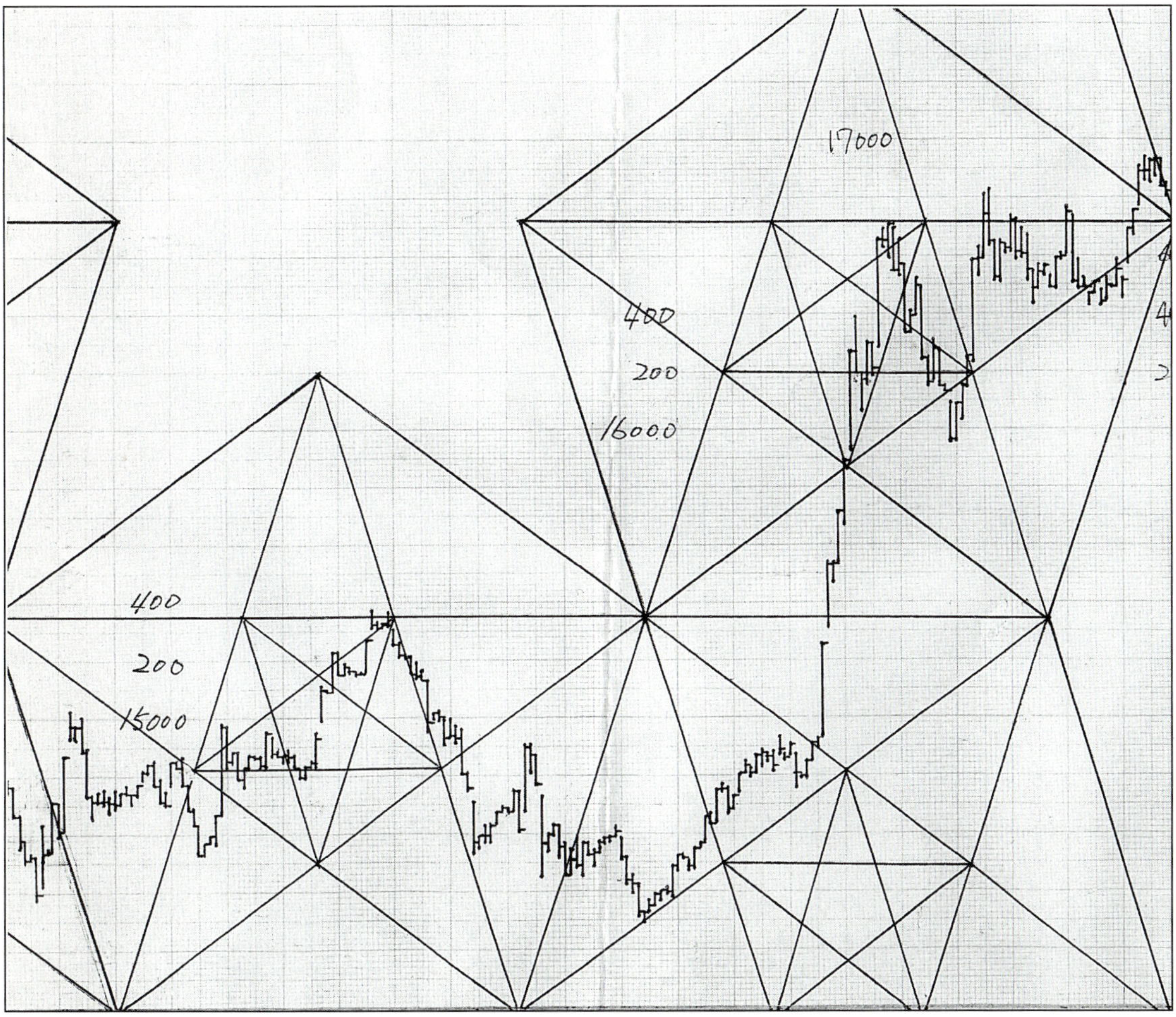

図は 1995 年 7 月のもの

ペンタゴンの大きさを決める

ペンタゴンの合わせ方

株価チャートを準備したら、次はそこにペンタゴンを合わせていく作業だね。ペンタゴンチャートをつくるうえで、もっとも大変なのが、このチャートにどんな大きさのペンタゴンを合わせるかなんだよ。

——そうなんですか。大きさはどのようにして決めるんですか。

いろいろ方法があるんだよ。というよりも、その株価チャートに合うペンタゴンの大きさを見つけるために、いろいろ試行錯誤しなければいけないんだ。

——先生のペンタゴンチャートは、どんな大きさなんですか？

ぼくがずっとつけている日経平均のペンタゴンチャートは、ペンタゴンの一辺に一カ月半程度の日数が入る大きさでつくってあるんだ。

——先生が試行錯誤して、それがいちばんピッタリくるということで、その大きさにしているんですよね。

そうだよ。この大きさにするまでに、さんざんいろいろな大きさを試してみて、これに落ち着いたんだ。

——いろいろやってみないと、どれくらいの大きさがフィットするのかわからないのかあ。

ひとつの方法は、いま話したようにペンタゴンの一辺に何日分のデータを入れるかということで決めていく方法があるね。たとえば、一辺に二〇日分のデータを入れようと思えば、チャートグラフの二〇日分の長さを測ってみて、それを一辺としてペンタゴンをつくってみるんだ。

——それが合わない場合は、どうするんですか？

合わない場合でも、ひとつつくってみれば、なんとなく大きすぎる、小さすぎるというのがわかるはずだよ。大きすぎると思えば、もう少し小さいペンタゴンを、小さすぎると思えば、もう少し大きなペンタゴンをつくって、また合わせてみればいいよ。

——ところで、五角形というのは、どうやって描けばいいんでしょう？

じつは五角形を描くのはむずかしいんだ。コンパスを使ったりするのは大変だから、簡単な方法を教えるよ。

　ワードというワープロソフトはたいていの人が使っていると思うけど、ワードで五角形が描けるんだ。やり方は次ページを見てね。チャートを画面のペンタゴンの上に合わせて透かして見れば、五角形とチャートを合わせることができるよ。

——ワードでつくれば、いろんな大きさの五角形がつくれますから合わせてみるには便利ですね。

もうひとついい方法を教えよう。透明のファイルホルダーを使うんだ。

——そんな方法があるんですか。

ファイルをはさむ透明のホルダーが安く売られているだろう。このホルダーにペンタゴンを描いて、対角線も引いて切り抜いておくんだよ。それをチャートに合わせてみるんだ。

——ははあ、なるほど。透明だから下のチャートが見えますね。これだとチャートの動きと、ペンタゴンの辺や対角線が合っているかどうかひと目でわかります。

これで合わせてみて、たとえば一辺五センチで大きいと思えば、今度は一辺四センチのペンタゴンをつくって合わせてみる。こうすれば、比較的簡単にチャートに合ったペンタゴンを見つけることができるよ。

——本当だ。これは便利ですね。さっそくやってみよう。

この本のカバーを取った表紙に、いろいろな大きさのペンタゴンを載せておいたから、それを透明のファイルホルダーに写し取って切り抜くといいよ。透明のペンタゴンがあれば、簡単にチャートに合わせることができるんだ。

五角形の簡単な描き方

Microsoft Wordを使う場合

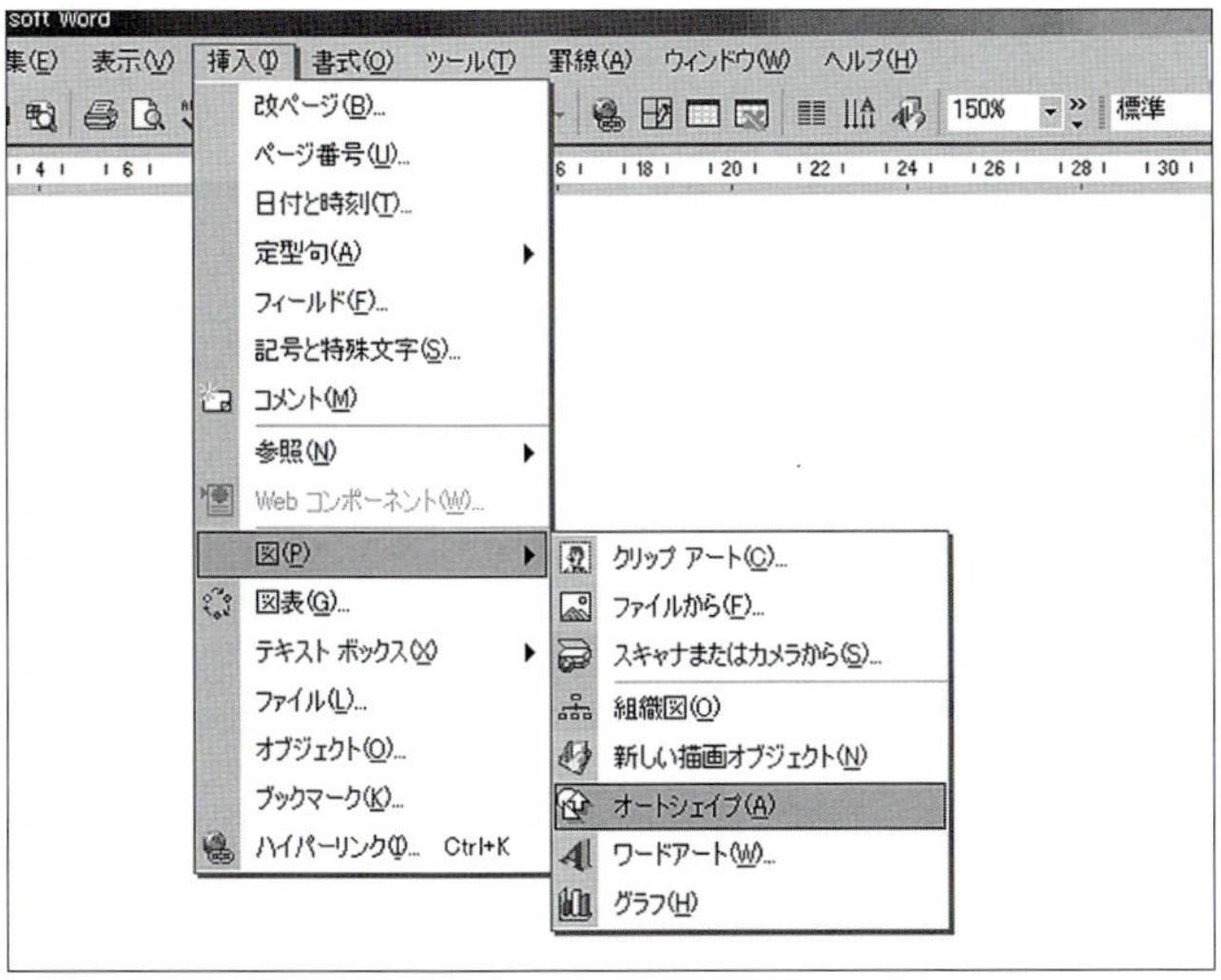

1 メニューバーの「挿入」をクリックして「図」→「オートシェイプ」をクリックする

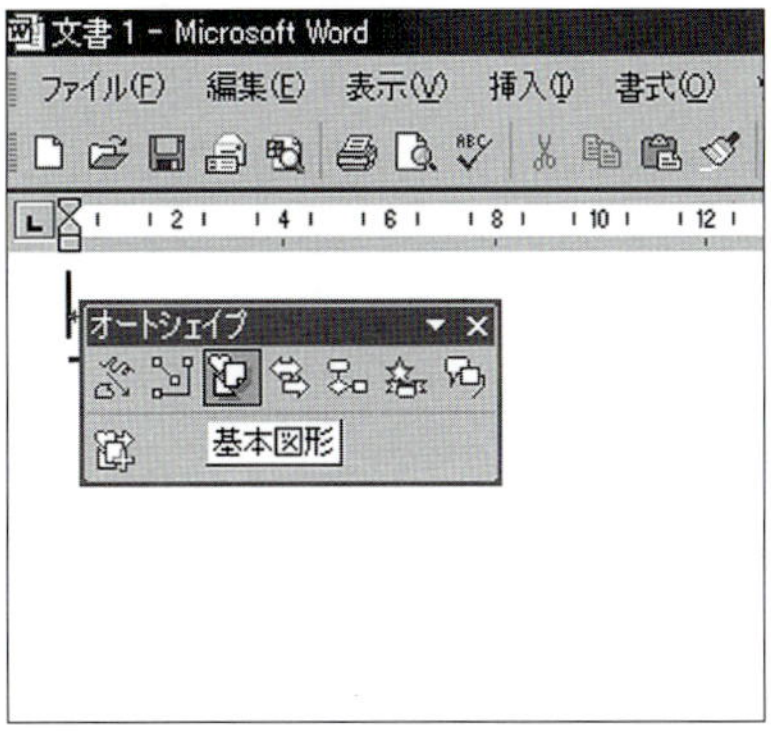

2「オートシェイプ」の「基本図形」をクリック

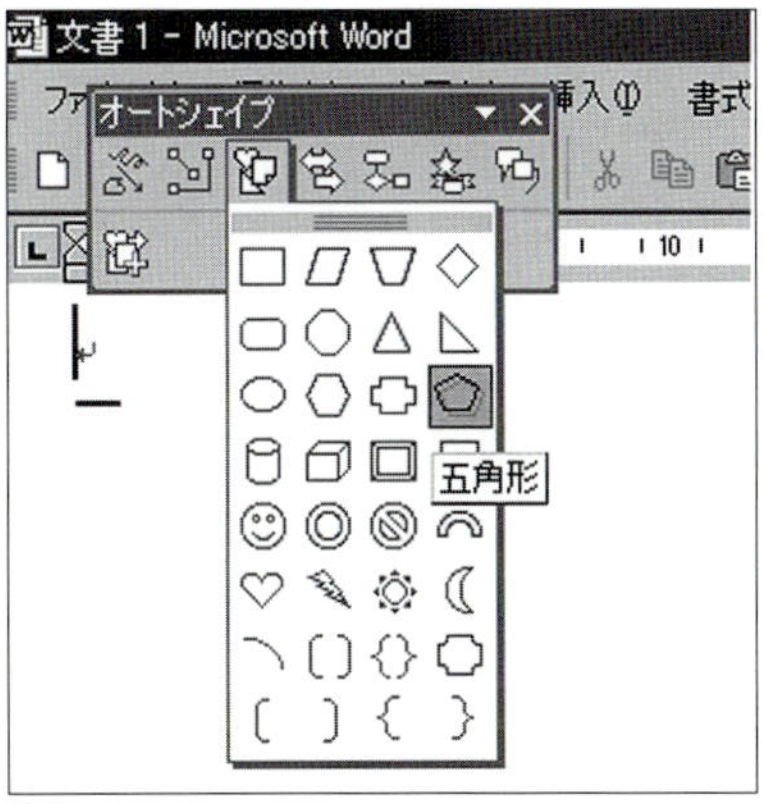

3「五角形」をクリック

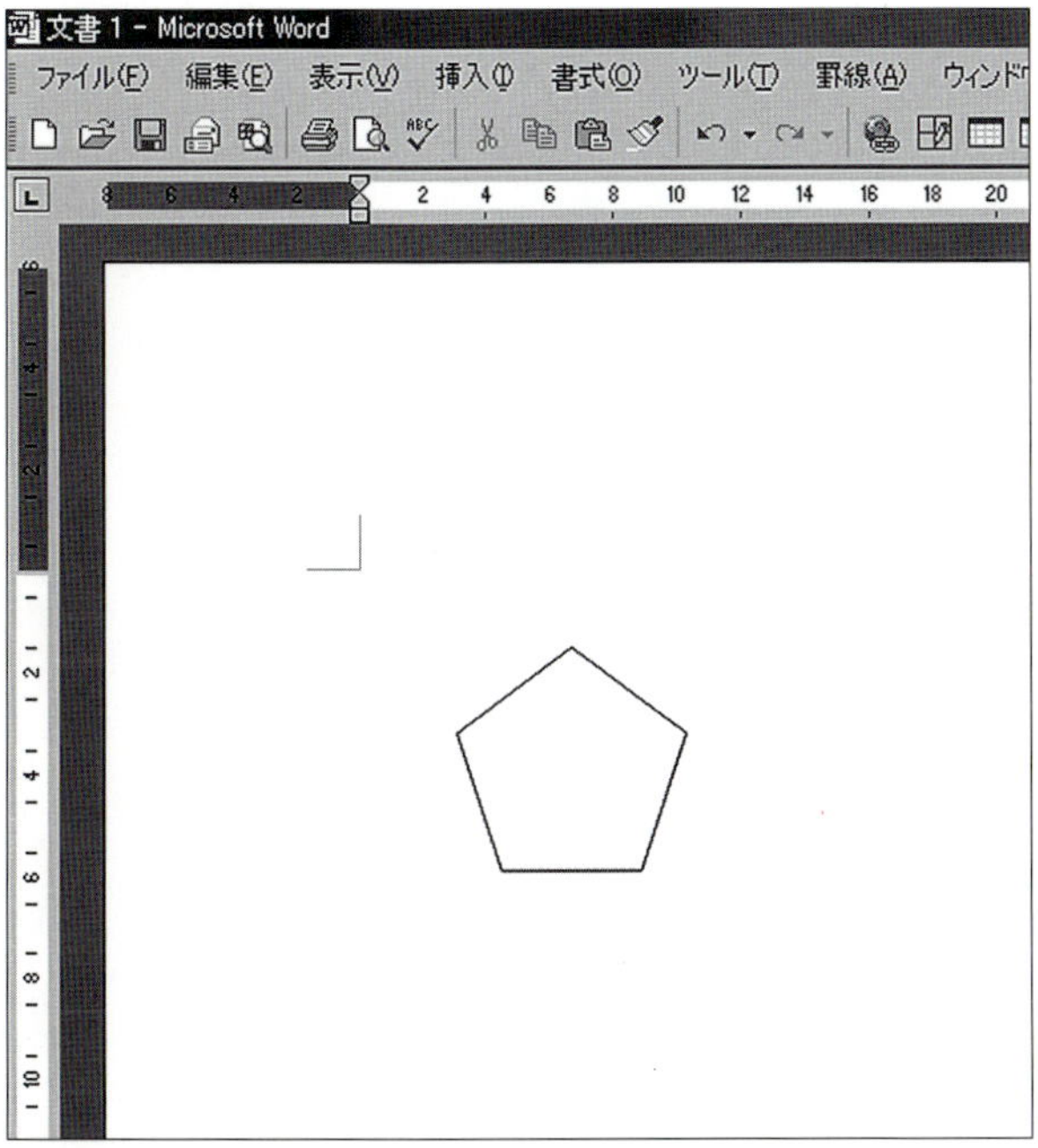

4 画面をクリックすると五角形が表示される

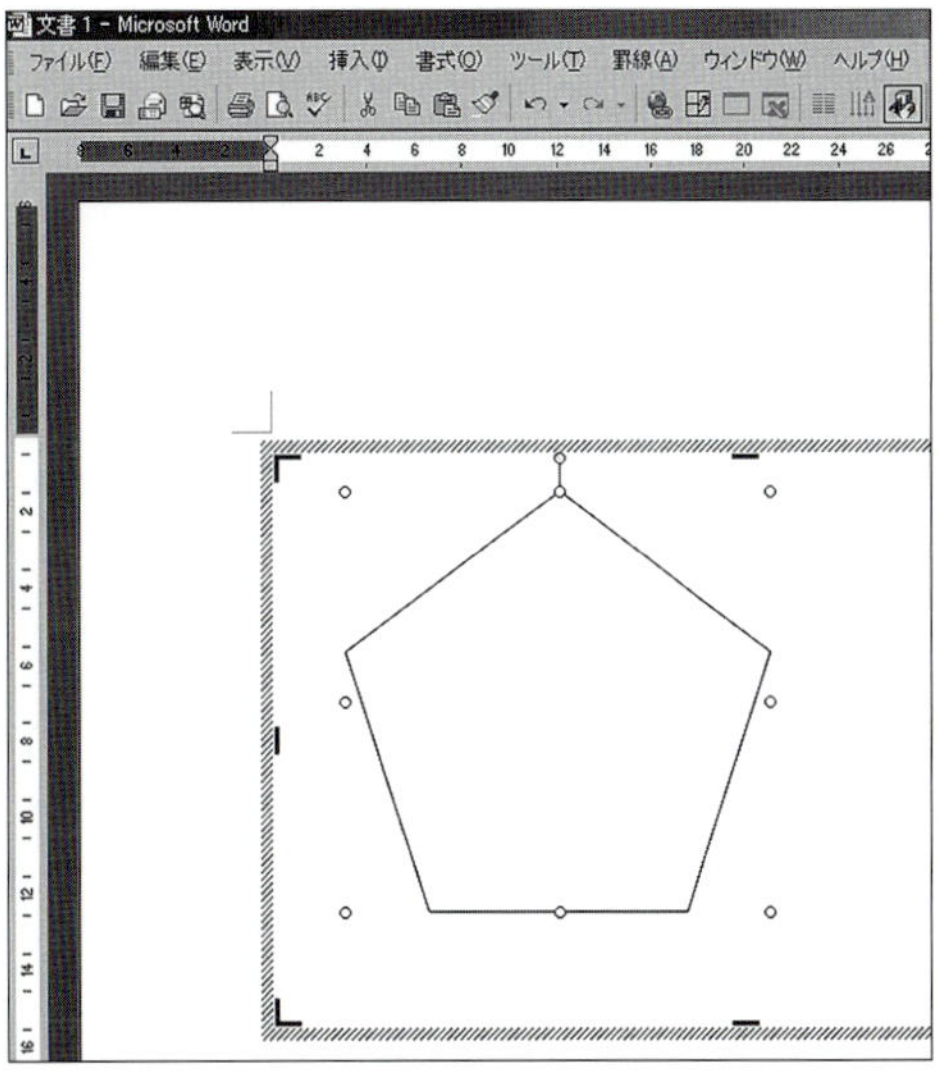

5 拡大・縮少する場合は、ポインタを四隅の点に合わせ「Shift」キーを押しながらドラッグ。正五角形のまま拡大・縮小される

Part5 3

ペンタゴンチャートの起点を見つけよう

ペンタゴンチャートの基準点

—ペンタゴンをチャートに合わせるとき、何を起点にすればいいんでしょうか?

チャートを見てみると、どこかにドカンと落ちたとか上がったとか大きな変化を示しているところがあるだろう。そのポイントをペンタゴンの交点に合わせてみるんだよ。合わなければ、ペンタゴンを少しずらして、別の交点を合わせてみる。それで、株価の動きがだいたい対角線に沿って動いて、交点で変化を示しているということになれば、それを基準にして右側にペンタゴンを継ぎ足していけばいいんだ。

—それには、やはり透明のペンタゴンが便利ですね。簡単にずらしてチャートと合わせることができますからね。

日経平均を使って、少し練習をしてみようか。ぼくがセミナーなどでよくいっているのは、アメリカの同時多発テロ以降、二一週間隔で日経平均に大きな変化が起きているということなんだ。次ページのチャートを見てくれるかな。二一週ごとに大きく値を下げているのがわかるだろう。

—ああ、本当だ。二一週ごとに下がっていますね。

この二一週ごとのポイントのどこかに起点を置けばいいといっているんだ。ぼくのホームページでは二〇〇二年一一月一九日を起点にして、日経平均のペンタゴンチャートをつくっているよ。

—ちょっと質問なんですけど、ペンタゴンチャートを見てみると、とんがった部分が上になっている通常の五角形の他に、逆さまの五角形もありますよね。こういう形もアリなんですか?

逆さまにくっつけてもいいよ。ペンタゴンの継ぎ足し方は、ペンタゴンの一辺にもうひとつのペンタゴンの一辺を重ねるという形になるんだ。

だから、上昇基調のときは右上にペンタゴンがつながっていく形になるし、下降基調のときには右下につながっていく。このときは、逆さまの形でつながるんだね。

—そうですか。ペンタゴンは同じ大きさのものをつなげていくんですよね。

ぼくは基本的にそうしているんだ。これを「合同形」というんだね。でも、次ページの下図のように、異なった大きさのペンタゴンをつなげていく「相似形」のやり方もあるんだよ。

日本でペンタゴンチャートをはじめて実践していた人たちは、だいたい相似形でやっていたようだね。でも、ぼくは合同形でやっていたら、うまくいってしまったので、以来ずっと合同形のペンタゴンチャートをつくっているんだ。

相似形だとつなげるパターンが無数に出てきてしまって、すごくむずかしいと思うよ。初心者は合同形で練習したほうが、わかりやすいと思うな。

—ぼくも合同形でペンタゴンチャートを描く練習をしてみます。

最初は、この本に載っている日経平均のチャートを二倍くらいに拡大コピーして練習してみるのもいいんじゃないかな。さっきいったように、透明のペンタゴンシートをつくって、どの大きさが合うか、自分なりに試して引いてみるんだよ。

—先生のペンタゴンチャートと違う形になってもいいんですか?

ペンタゴンチャートはつくる人によって変わってくるよ。でも不思議なことに、きちんとつくってあれば、転換点などは同じになることが多いんだ。だから、ぼくとそっくり同じものをつくらなくても大丈夫だよ。

ペンタゴンをチャートに合わせる

★印のついたところにペンタゴンの交点をあててみよう

日経平均

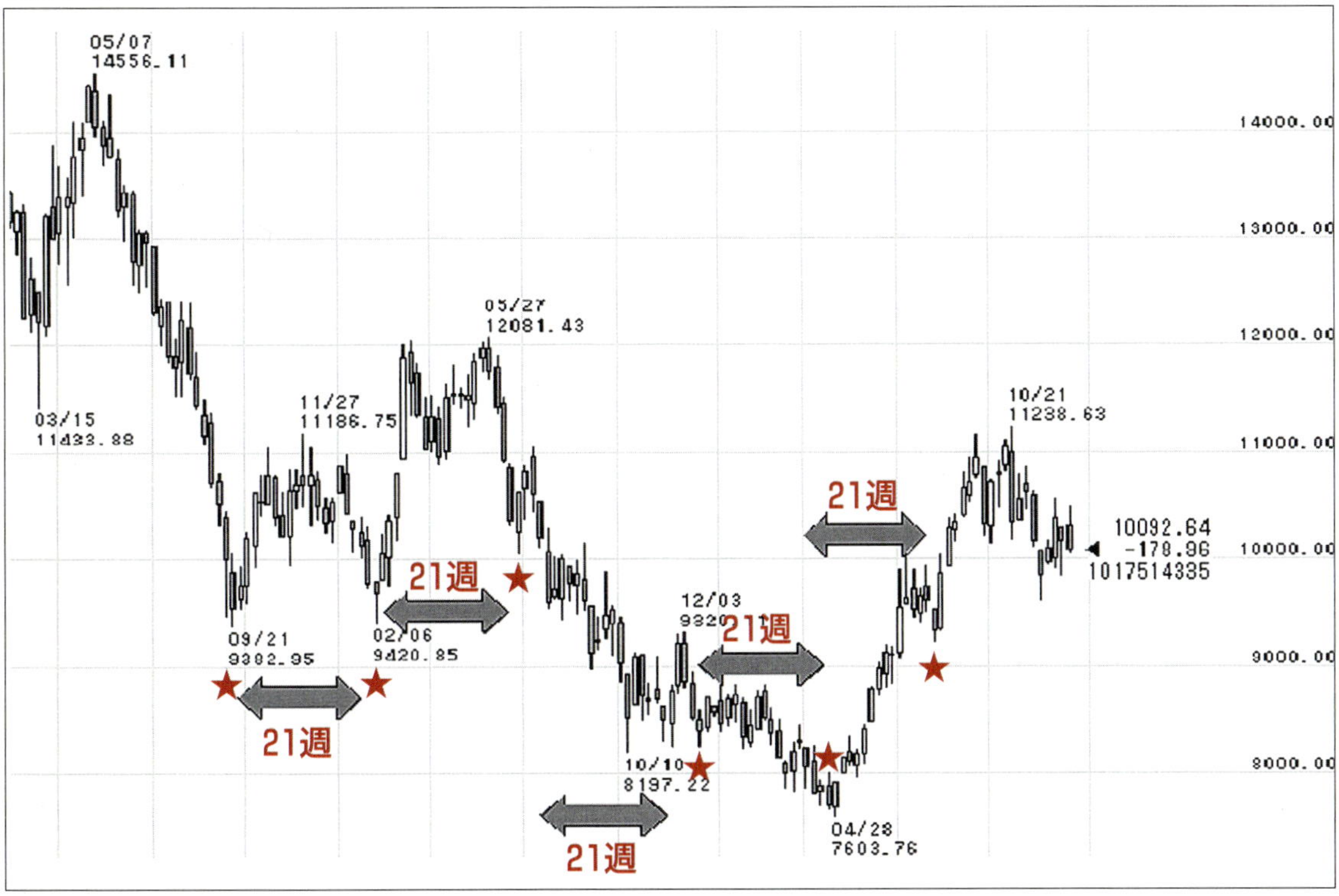

ペンタゴンチャートの種類……　ペンタゴンチャートには合同形と相似形の２種類がある

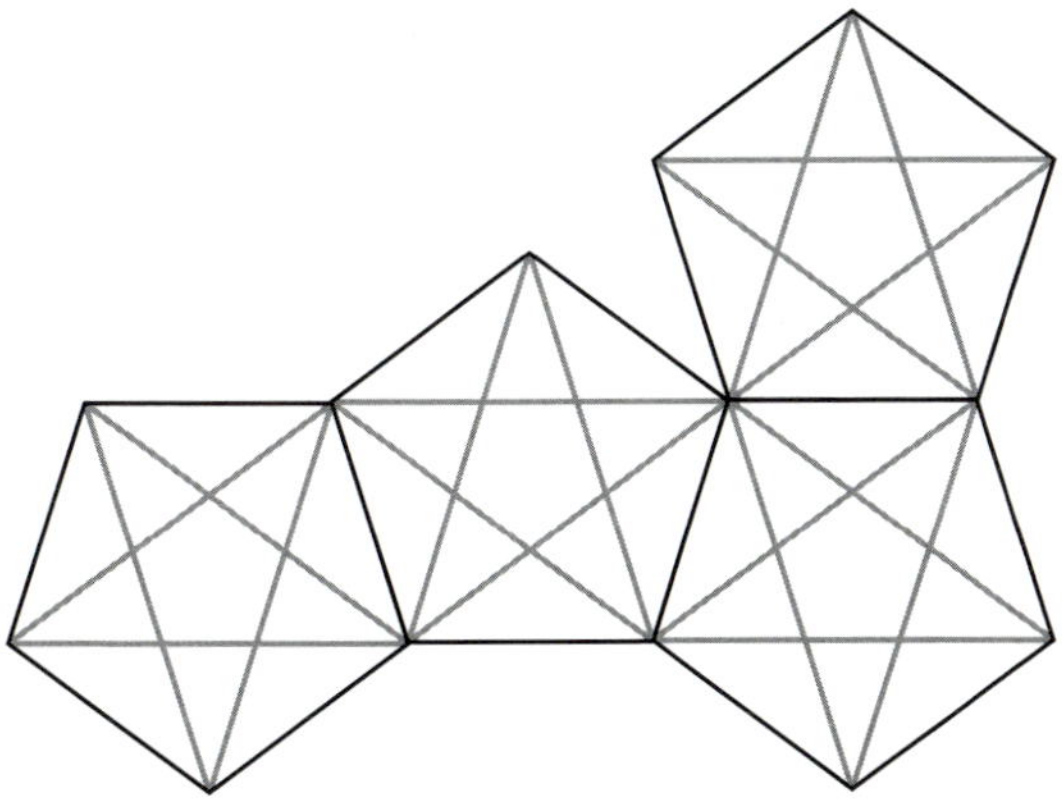

合同形

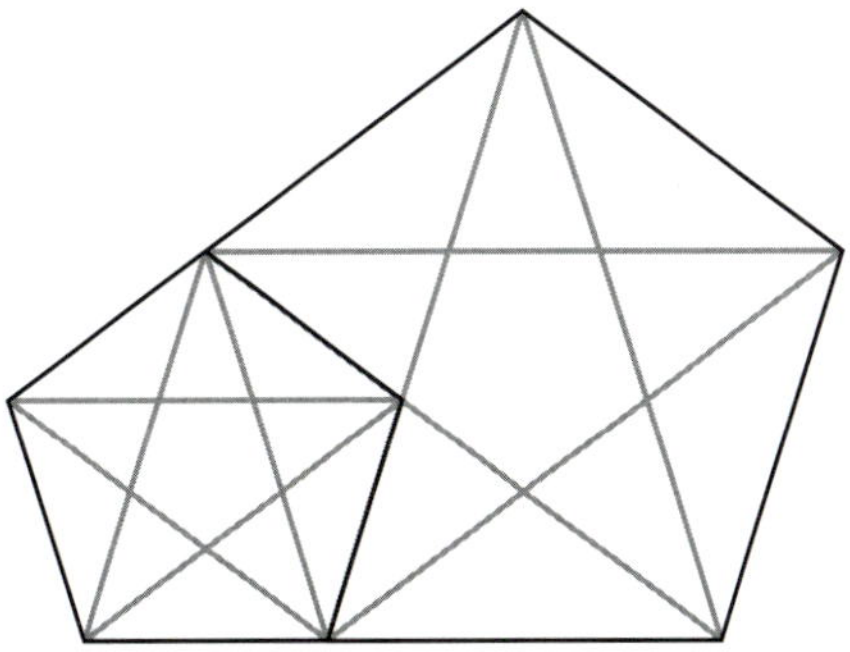

相似形

自分で作ったペンタゴンチャートが間違っていたら？

時間の逆行

——先生、ペンタゴンをチャートに合わせていったんですけど、最初のうちはよかったんですが、チャートが左上のほうにはみ出してしまいました。

ああ、これは失敗だね。

——ええ！　失敗ですかあ？

うん、先にも少し説明したけど、これは「時間の逆行」になってしまうからね。

　次ページ下の図を見てごらん。Aのラインからはみ出した場合と、Bのラインからはみ出した場合は、つなげるペンタゴンが過去に向かって張り出すかたちになるだろう。チャートが過去に逆戻りすることはありえないから、そのペンタゴンチャートは間違っているということになるんだ。

——そういう場合は、どうすれば？

かわいそうだけど、はじめからやり直すしかないね。

——ああ！　一からやり直しか。しんどいなあ。

それくらいの苦労はしないとね。失敗してこそ覚えるものだし、苦労の後には実りも多いはずだよ。

——先生、たくさんペンタゴンを描くのはたいへんなので、現在から二、三カ月前を起点にしてはじめてもいいんですか？

いや、少なくとも半年か一年ぐらい前に起点をつくったほうがいいね。

　というのも、そのペンタゴンチャートが正しいのか検証しなければいけないからだよ。

　ほんの二、三カ月前だと、ペンタゴンを一個か二個つなげただけで現在になってしまうから、本当にそのペンタゴンでいいのか十分確認できないんだ。

　だから、ある程度期間をとってさかのぼり、そこからペンタゴンをいくつかつなげてみて検証する必要があるんだよ。

——そうなのか。「時間の逆行」を起こしてしまうのは、何がいけないんだろう。

多くの場合は、起点が間違っているか、ペンタゴンの大きさが間違っているかのどちらかだね。もう一度、透明のペンタゴンをチャートに合わせてみて、ちょうどよくチャートと対角線がはまる起点を探してみることだよ。

　それでもダメなら、ペンタゴンの大きさを変えて、合わせてみるんだね。

——はいはい。いままで描いたペンタゴンを消しゴムで消してっと。先生は、この作業をパソコンで行っているんですよね。

うん、そうだよ。表計算ソフトのエクセルで株価チャートを作成して、それを画像データとして切り出して、ペイントソフトのイラストレータに落とし込んで、その上にペンタゴンを重ねているんだ。

——それだとやり直しの作業などは、簡単にできそうですね。

そうだね。簡単にペンタゴンを拡大したり縮小したりできるから、いろいろな大きさのものを当ててはめて検証することはできるね。もし、パソコンの操作に詳しいなら、表計算ソフトやペイントソフトを組み合わせて、パソコン上でつくってみるのもいいと思うよ。

——チャート上にペンタゴンチャートを表示してくれる独自のソフトウエアはないものかなあ？

じつは、そういうソフトをつくろうとして、これまで二度失敗しているんだ。けっこうむずかしいプログラムらしいんだよね。でも、いま三度めの挑戦をしていて、これはなんとか成功しそうな感触なんだ。もし、出来上がったら、ぼくのホームページで報告するよ。

——それはすごく楽しみです。早く完成させてくださいね。

“時間の逆行”に注意しよう

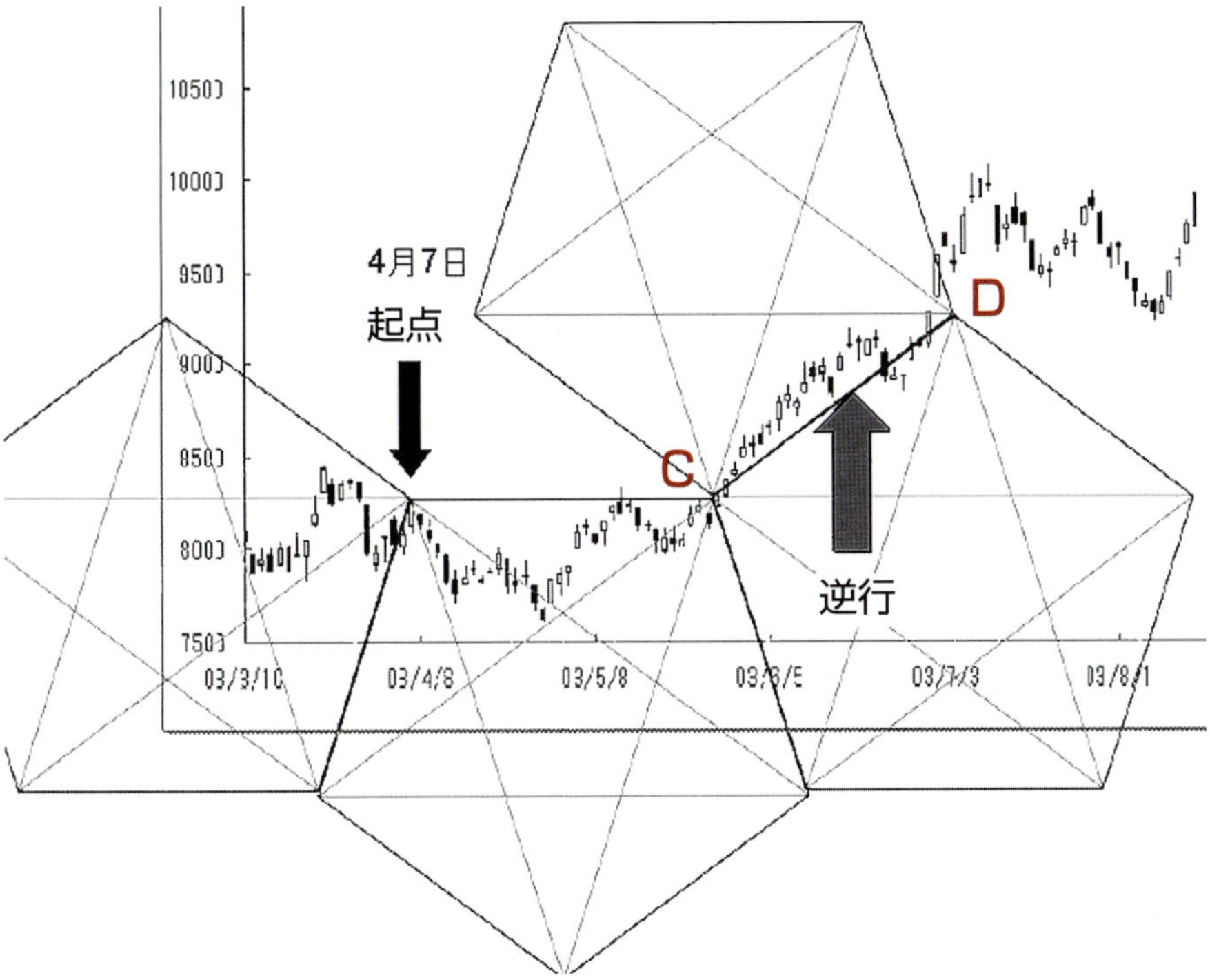

起点を4/7とすると、“時間の逆行”がCDラインで起こってくる。その場合はペンタゴンを逆さまにしたり、起点を変えたり、ペンタゴンの大きさを変えたりして調整する。

“時間の逆行”2つのパターン

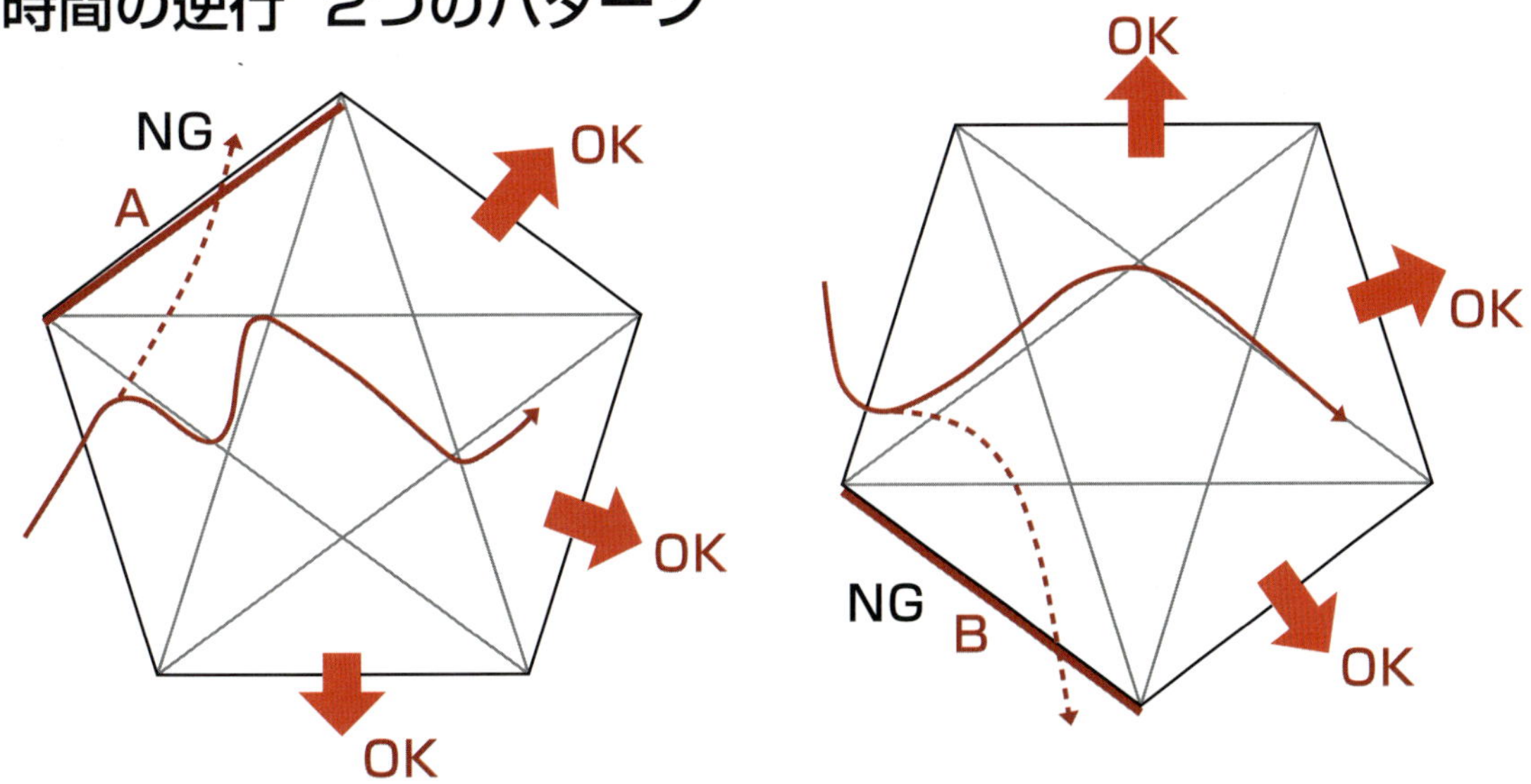

時間は株価とともに左から右へ流れていく。当然ペンタゴンも左から右へ流れる。しかし、AやBのラインから株価が抜けてペンタゴンが付け足されると、ペンタゴンの作図が逆戻りになる。これを“時間の逆行”という。

ペンタゴンチャートで株の動きを読む

ペンタゴンチャートの使い方

―ペンタゴンチャートで買い時・売り時を判断するには、どうすればいいんですか?

はじめにもいったように、ペンタゴンチャートは買いシグナル、売りシグナルを出すものではなくて、株価の方向性や変化点を予測するためのものなんだ。だから基本的には、ペンタゴンチャートだけでは、買い時・売り時の判断はできないんだよ。

―流れを見る?

ペンタゴンチャートで買いシグナル、売りシグナルを判断するのではなくて、判断の材料にするんだよ。

たとえば、図を見てくれるかい。交点Ａに向かって株価が上昇していったとするよ。交点は変化点だから、ここを株価が通過すると、Ｂ、Ｃ、Ｄのいずれかの対角線方向に変化する可能性があるよね。

―はい、変化点ですからね。

ここで買ってはいけないんだ。株価がどのラインを通るのか何日間か動きを見て、さらに上げのラインを昇っていくようなら、買いに入っていけばいい。そのとき、これまで説明した移動平均線やＩＰゾーン、ＲＳＩ、ＭＡＣＤなどを見て、これは本当に買いなのか、総合的に判断していくことが大事だよ。

―なるほど。

売るときも同様で、変化点に到達したら、株価がどのラインを通るのか何日間か見極める。そして下降するラインを通るようだったら、他のテクニカル分析でも確認しながら、売りを出していけばいいんだ。

―じゃあ、こういう流れでいいですか?

あらかじめ目をつけておいた銘柄について、ペンタゴンチャートを作成しておく。そして、それらの銘柄の株価の動きや移動平均線、ＩＰゾーン、ＲＳＩ、ＭＡＣＤなどを見ながら、買いシグナルを探っていく。いくつかの指標で買いシグナルが出たら、ペンタゴンチャートでチャートの流れを確認し、数日間株価の動きを見て、変化点からさらに上昇ラインを昇るようなら買い、下降ラインをたどるようなら待ち。こんな感じでどうでしょう。

うん、いいね。基本的には、そういう手順でいいと思うよ。

―ペンタゴンチャートを見ると株価は上昇しそうもないけれど、自分では上がると感じたことはないですか?

そういうこともあるよ。自分の相場観とペンタゴンチャートが食い違っているときだね。

―そういうときは、どちらが正しかったんですか?

上がりそうだという自分の相場観よりペンタゴンチャートのほうが正しかったという経験を、ぼくは過去に何度もしてきているんだ。だから、ぼくは自分の相場観よりペンタゴンチャートのほうを信じるよ。

だから、ペンタゴンチャートを使うなら、変化点を通って株価の動きを見極めるというスタンスは崩さないほうがいいと思うよ。

―そうですか。あまり私情を差し挟んじゃいけないんですね。

まず必要なのは、自分の選択した銘柄でペンタゴンチャートをつけてみて、株価の動向がペンタゴンチャートと合うかどうか確かめてみることじゃないかな。そのうえで、これまで説明したファンダメンタル分析やテクニカル分析を行ってみて、いつが買い時でいつが売り時なのかをシミュレーションしてみる。そうやって独自のスタンスを確立していくことだよ。

―そうですね。がんばります。ありがとうございました。

ペンタゴンチャートで株のトレンドを読む

◆株価の動きが予想できる

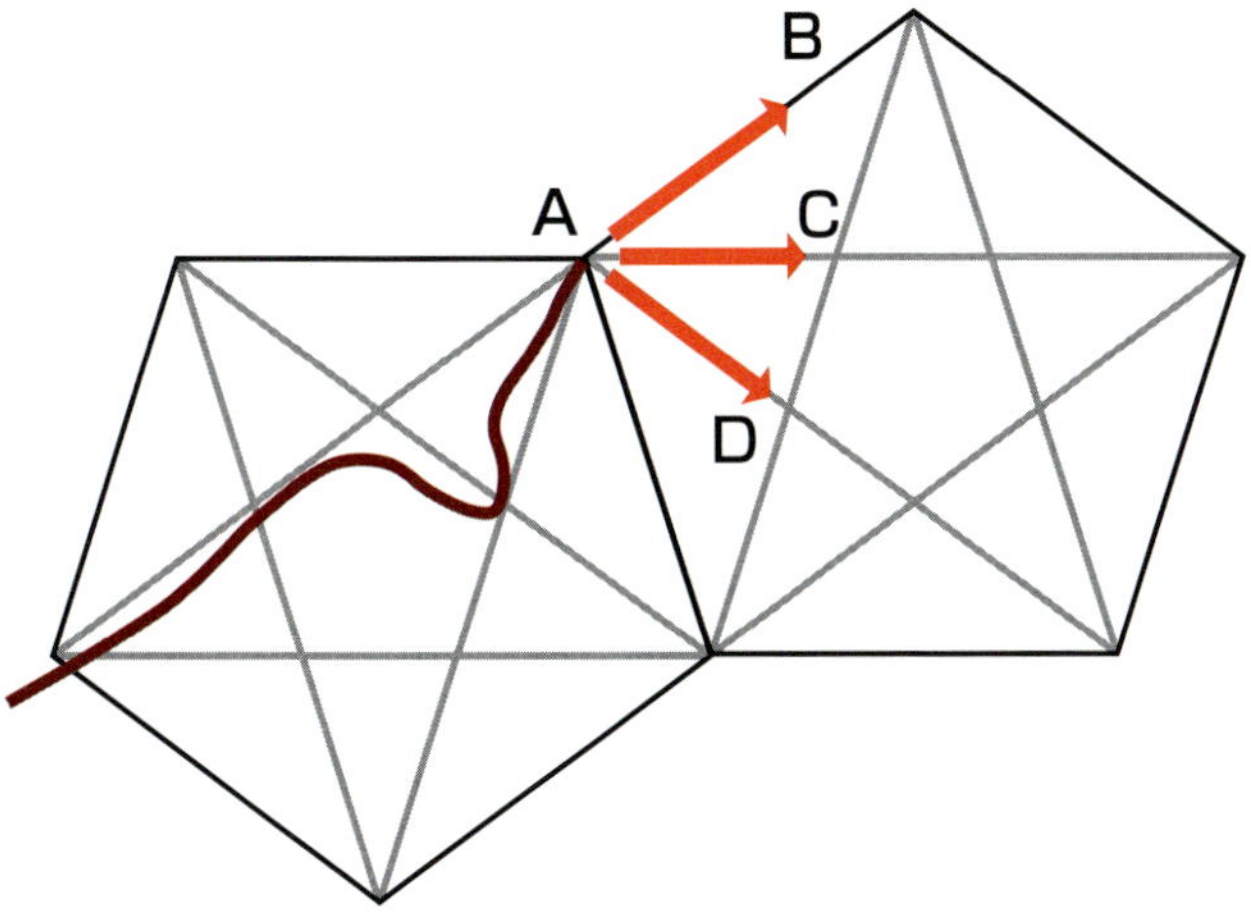
A
B
C
D

Aを通ったあとの株価は
BかCかDを目指す

⇨ Aで買わないほうがよい。
BかCかDのどちらかに
向かって動き出した後に
判断する

◆連続するペンタゴンの形でトレンドがわかる

凪《なぎ》のとき

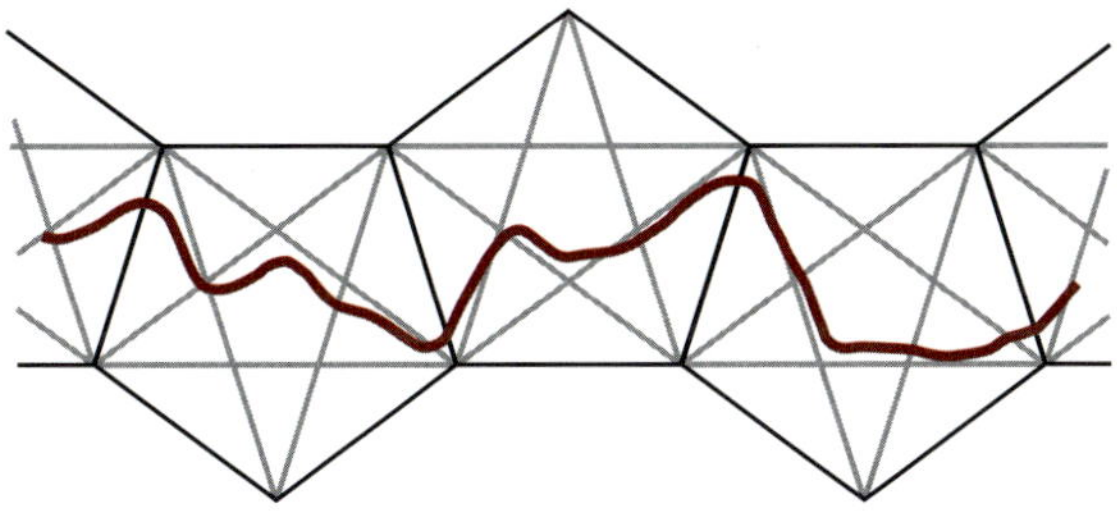

荒れている
とき

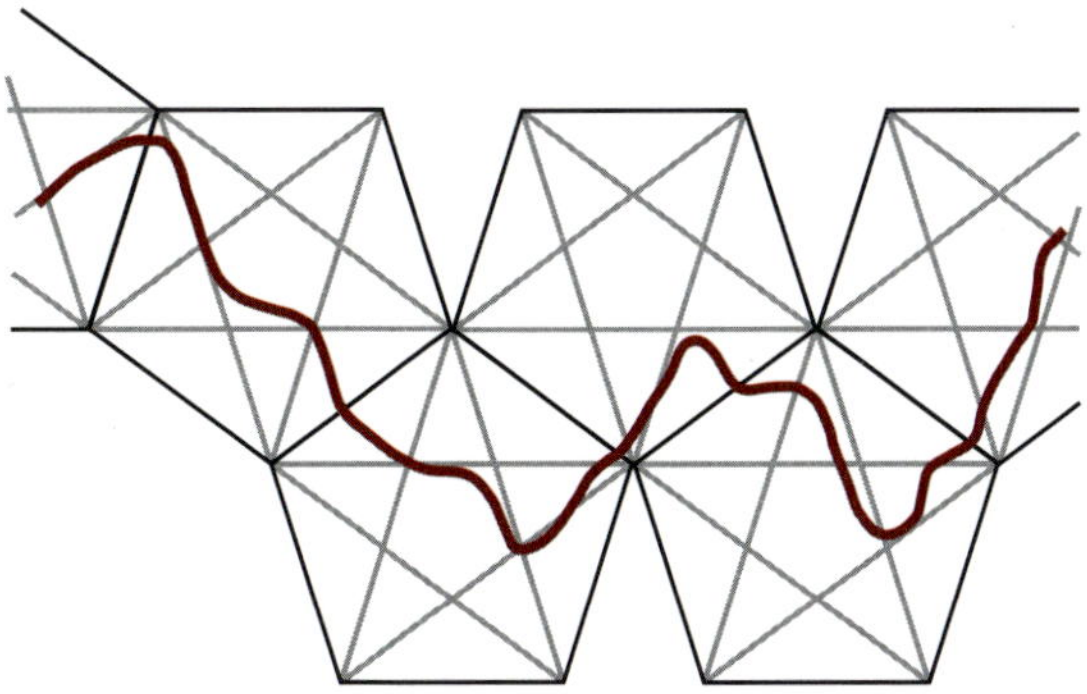

上昇トレンドに
変わったとき

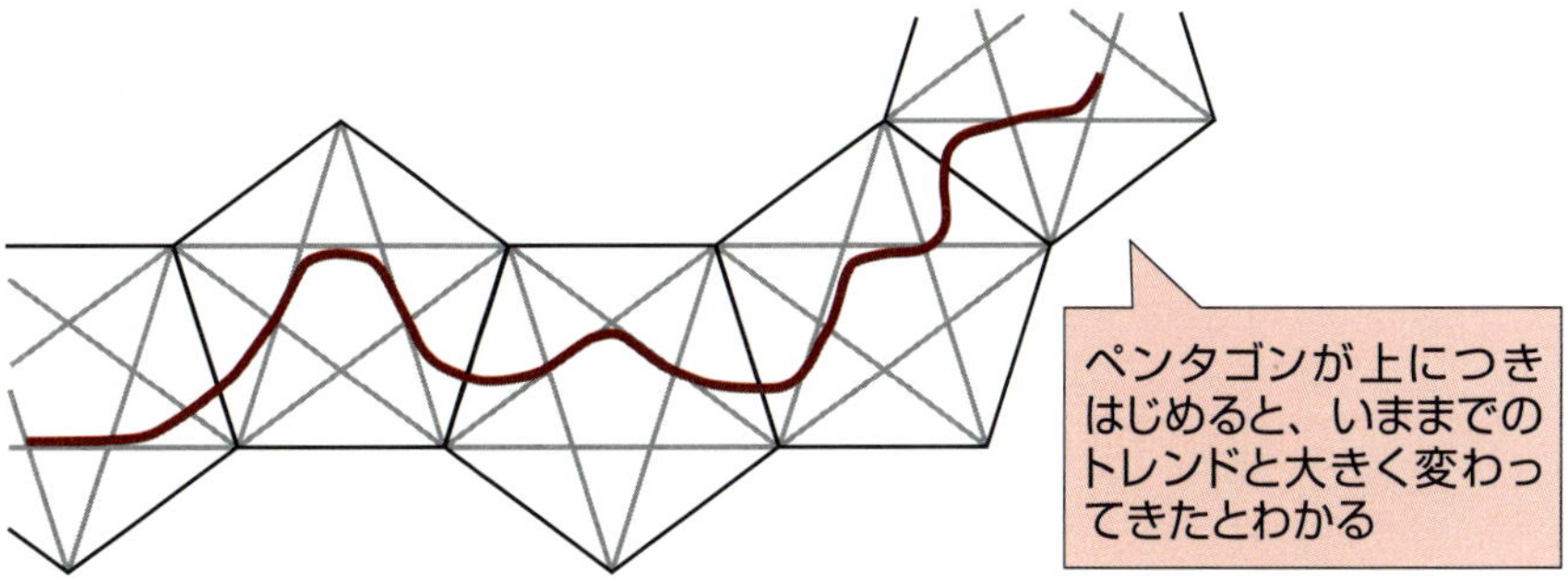
ペンタゴンが上につき
はじめると、いままでの
トレンドと大きく変わっ
てきたとわかる

ファンダメンタルズ編

売上高
企業が事業活動で得た収益のこと。売上高推移は要チェック。

営業利益
企業の本業から得られる利益。売上高から売上原価、販売費、一般管理費などを差し引いたもの。営業利益の推移が順調に伸びている企業は、本業が好調だと判断できる。

営業外利益
為替差益や株式売却益など、営業活動ではなく財務活動などによって生じた利益のこと。

営業報告書
財務諸表のひとつで、帳簿により作成されるものではなく、文書によって営業成果を報告するもの。

株主資本
企業のすべての資産からすべての負債を差し引いたもので、「自己資本」「純資産」ともいわれる。株主から預かっている資本を意味する。

キャッシュフロー
企業活動を現金の出入りからとらえた収支状況。企業収入から外部に支払った金額を差し引いて手元に残った資金。キャッシュフローが大きいほど外部の資金に頼るウェイトが小さくなるため、企業財務の健全性を表す指標として注目されている。

経常利益
営業利益に営業外損益を加減したもの（営業外利益ならプラス、営業外損失ならマイナス）。企業の損益の状況を表しているが、業績の悪いときに保有株式を売却してかさ上げすることもあるので要注意。

決算
企業の一会計年度における収支を計算したもの。三月決算の場合、九月までの上半期を中間決算、三月までの一年間を本決算という。

減益・増益
利益が前期に比べて減少することを「減益」といい、増加することを「増益」という。

減収・増収
売上高が前期に比べて減少することを「減収」といい、増加することを「増収」という。売上高が減少しながら、利益は増える「減収増益」ということもある。

財務諸表
決算期ごとにつくられる財務内容や業務成果などを明らかにした計算書。貸借対照表、損益計算書、営業報告書、利益処分案の四つの書類からなる。

時価総額
株価×発行済み株式数で得られる金額。個々の企業の市場価値を表す指標とされる。

自己資本比率
総資本に占める自己資本の割合。この数値が高いほど、企業の体質の強さを示している。

自己資本利益率
自己資本に対する純利益の割合。自己資本に対してどの程度利益が出ているかを見るもので、この数値が高いほど順調に利益をあげていることになる。

増資
企業が資本金を増やすこと。一般投資家を対象にする「公募増資」と、特定の対象者に向けた「第三者割当増資」がある。

貸借対照表
財務諸表のひとつで、企業の資産や負債の状況を説明する表。バランスシートとも呼ばれる。主要項目は『会社四季報』などにも掲載される、もっとも一般的な企業情報。

投資収益率
株式投資や債券投資で得られる配当や値上がり益などの収益を率で計算したもの。投資家にとっての最大の関心事。

配当
企業が得た利益を株主に還元するもの。通常、中間決算と本決算の年二回行われるが、業績によっては年一回や配当なし（無配）ということもある。

一株当たり利益
一株当たりの利益を表したもので、税引き後利益÷発行済み株式数で求める。会社の規模に関係なく、企業の収益力の指標となる。

有利子負債
利子を払う必要がある負債で、借入金や社債などを合計したもの。

流動比率
流動資産を流動負債で割ったもの。企業の短期的な支払い能力を示し、これが一〇〇%を上回っていることが望ましい。

連結決算
親会社だけではなく、子会社、関連会社などの業績も反映した決算。企業グループとしての業績を推し量ることができる。

IPO
新規公開株式のこと。

IR
企業による投資家向けの広報活動。ホームページにIR情報を掲載する企業が増えている。

チャート分析編

行き詰まり線
上昇相場において、大陽線を立てた翌日（翌週）にさらに陽線が出たものの、高値を更新することができなかった状況のこと。買い勢力の衰えを意味し、下落に向かって転換することが多い。

抱き陽線・抱き陰線
下降相場において、小陰線の翌日（翌週）に大陽線が現れることを「抱き陽線」といって、相場が反発するシグナルとされる。反対に、上昇相場において、小陽線の翌日（翌週）に大陰線が現れることを「抱き陰線」といい、天井となるシグナルとされる。

上値抵抗線
株価チャートで過去の上値（山の頂点）と上値を結んだラインで、上昇してきた株価が押し戻される目安の水準とされる。この上値抵抗線を突き抜けて上昇すれば、買いエネルギーが強く、さらなる上昇が見込めることが多い。

上ひげ
ローソク足の胴体から上に出ている線で、その日（週、月、年）の高値を示す。上昇相場で長い上ひげが出ると、天井付近であるというシグナルとなる。

買い残・売り残
信用取引を行った場合、一定期間内に反対売買を行わなければならないことになっている。空買いをして、未決済のままとなっているものを「買い残」、空売りをして未決済のままになっているものを「売り残」という。買い残が多ければ、反対売買で戻り売りが予想され、株価の上昇を抑える要因となる。反対に売り残が多ければ、戻り買いがあり、株価上昇の要因となる。

乖離《かいり》率
株価が移動平均線からどれくらい離れているかを表す比率。乖離率が大きくなると、修正されることが多い。

サイコロジカルライン
市場心理を統計的に表したもの。一定期間（通常一二日間）のうち、前日より株価が上がった日が何日あるかを示す比率。七五%を超えると市場は過熱気味と判断され、売りが多くなる。二五%を下回ると底値圏が近いと判断される。

下値支持線
株価チャートで過去の下値（谷の底）と下値を結んだラインで、下降してきた株価が押し戻される目安の水準とされる。この下値支持線を突き抜けて下降すれば、売りエネルギーが強く、さらに下落することが多い。

下ひげ
ローソク足の胴体の下から出ている線で、その日（週、月、年）の安値を示す。下降相場で長い下ひげが出ると、底付近であるというシグナルとなる。

新高値
市場に上場してからもっとも高い値をつけることを「上場来高値」、その年の高値を「年初来高値」、昨年以降の高値を「昨年来高値」と呼ぶ。

騰落株線
値上がり株と値下がり株の差をグラフ化し、値上がり銘柄数と値下がり銘柄数の差から相場のトレンドを分析する手法。

トレンドライン
いくつかの高値どうしや、いくつかの安値どうしを結んだ線をトレンドラインという。

トレンド分析
相場の方向性を分析する手法。トレンドラインが上昇していれば、相場は上昇基調にあると判断する。

反発
下降していた株価が上昇に転じること。本格的な上昇ではなく、短期間の値戻しをさすことが多い。

反落
上昇していた株価が下落に転じること。反発同様、短期間の値動きをさすことが多い。

棒上げ・棒下げ
一本調子に株価が上がること。逆に一本調子に株価が下がることを棒下げという。

ボックス相場
株価が一定の範囲内で、上げ下げを繰り返している状態。

窓
株価が急騰したり急落したりするときに、ローソク足とローソク足の間にできる空間のこと。窓を開いて株価が上に動いた場合は強い上昇傾向で、逆に窓を開いて下がった場合は強い下降傾向を示している。

安値引け
一日の取引のなかで、寄り付きの株価より大引けの株価が安いこと。ローソク足では黒い陰線で表示される。

4本値
一日（一週間、一カ月、一年）の取引には、必ず始値、高値、安値、終値が存在する。その四つの値段を四本値と呼ぶ。

利食い
保有株式を売って利益を確定させること。株価が上がっても売却するまでは含み益であり、売却してはじめて利益が確実なものとなる。

【参考文献】
林康史『国際金融』(外国為替貿易研究会)
林康史『株価が読めるチャート分析入門』
A・ハミルトン・ボルトン『エリオット波動 ビジネスサイクル』林康史監修
ペリー・J・カウフマン『The New Commodity Trading Systems and Methods』
田中勝博『テクニカル分析大全集』
伊藤智洋『チャートの救急箱』
ゼネックス編『チャートの鬼』
佐々木英信『一目均衡表の研究』
鏑木繁『先物罫線 相場奥の細道』
ジョン・J・マーフィー『先物市場のテクニカル分析』
テクニカル・アナリスト協会『日本の株価分析』
小澤實『相場に勝つローソク足チャートの読み方』
別冊宝島『儲かるデイ・トレード』
別冊宝島『いっきにわかるネット株の始め方・儲け方』
別冊宝島『買い!の株が見えてくる 情報の捨て方・活かし方』
ZAi別冊『「株」データブック2003年秋版』
あるじゃん(リクルート)
日本経済新聞
会社四季報

■著者紹介

川口　一晃　(かわぐち　かずあき)

1960年札幌市生まれ。86年銀行系証券会社に入社し、その後、銀行系投資顧問会社、国内投信会社にて11年間ファンドマネージャーを務める。96年末ブルームバーグL.P.入社。アプリケーションスペシャリストとして株式、投信を中心に分析ツールの開発に従事。
現在は、金融知力普及協会カリキュラム策定委員会主席幹事として、中学校からプロまでと幅広く投資教育を実践している。ペンタゴンチャートの第一人者。ニッポン放送「川口一晃のマネー塾」でパーソナリティを務めるなど、ラジオ・テレビでも活躍中。

株《かぶ》に稼《かせ》いでもらう本《ほん》

2004年2月15日　第1刷
2004年3月5日　第2刷

著　者　川《かわ》口《ぐち》一《かず》晃《あき》

発行者　小澤源太郎

発行所　株式会社 青春出版社

東京都新宿区若松町12番1号 〒162-0056
振替番号　00190-7-98602
電話　編集部　03(3203)5123
　　　営業部　03(3207)1916

印刷　堀内印刷　　製本　誠幸堂

万一、落丁、乱丁がありました節は、お取りかえします。

ISBN4-413-00663-1 C0033